DOCUMENTS OFFICIELS

RELATIFS A LA LOI

SUR LE RÉGIME DOUANIER

DES COLONIES

DE LA MARTINIQUE, DE LA GUADELOUPE

ET DE LA RÉUNION

3 juillet 1861

EXTRAIT DE LA *REVUE MARITIME ET COLONIALE*
(JUILLET 1861)

PARIS

LIBRAIRIE CHALLAMEL AINÉ
30, RUE DES BOULANGERS
—
1861

F

DOCUMENTS OFFICIELS

RELATIFS A LA LOI

SUR LE RÉGIME DOUANIER

DES COLONIES

DE LA MARTINIQUE, DE LA GUADELOUPE

ET DE LA RÉUNION.

———

1° Rapport présenté à Sa Majesté l'Empereur sur le régime douanier de la Martinique, de la Guadeloupe et de la Réunion, par S. Exc. M. le ministre de la marine et des colonies (2 février 1861).

2° Exposé des motifs d'un projet de loi sur le régime des douanes aux colonies de la Martinique, de la Guadeloupe et de la Réunion (22 mai 1861).

3° Projet de loi.

4° Rapport fait au nom de la commission du Corps législatif chargée d'examiner le projet de loi, par M. Granier de Cassagnac, député au Corps législatif (19 juin 1861).

5° Discussion du projet de loi au Corps législatif (26 juin 1861).

6° Rapport fait au sénat par M. Michel Chevalier (28 juin 1861).

7° Loi sur le régime des douanes aux colonies de la Martinique, de la Guadeloupe et de la Réunion (3 juillet 1861).

———

EXTRAIT DE LA *REVUE MARITIME ET COLONIALE*

(JUILLET 1861)

———

1° Rapport à Sa Majesté l'Empereur sur le régime douanier des colonies de la Martinique, de la Guadeloupe et de la Réunion.

SIRE,

Notre régime colonial a appelé, depuis quelque temps déjà, l'attention de Votre Majesté.

1861

L'Empereur a pensé que nos établissements d'outre-mer ne devaient pas rester en arrière de la grande réforme qui s'accomplit en France, et qui, en nous procurant aux meilleures conditions possibles les matières premières, doit stimuler le génie de nos fabricants, et les mettre à même de donner un nouvel essor à notre industrie nationale.

Sous l'empire de ce qu'on appelait le *pacte colonial*, la France se réservait le droit exclusif d'approvisionner ses colonies de tous les objets dont elles avaient besoin; il était défendu aux colonies de vendre leurs produits à d'autres pays que la métropole, et de les élever à l'état de produits manufacturés; le transport entre la métropole et les colonies était réservé aux bâtiments français.

En échange de ces obligations qui leur étaient imposées, les colonies rencontraient en France, pour le placement de leurs produits, d'abord une sorte de monopole, puis, un peu plus tard, un traitement de faveur.

La situation n'est plus la même aujourd'hui.

Le sucre étranger, d'une part, le sucre de betterave, de l'autre, font une concurrence chaque jour plus vive au sucre colonial sur le marché métropolitain, le seul qui soit cependant ouvert à nos planteurs.

La loi du 23 mai 1860 a posé le principe de l'égalité des droits entre les produits de nos établissements d'outre-mer et ceux des fabriques métropolitaines; elle avait établi une différence de taxe de 3 francs seulement, entre les sucres français et les sucres étrangers, que le décret du 16 janvier a supprimée.

Nous sommes bien loin, on le voit, du temps où les produits coloniaux, n'ayant pas à redouter le similaire français, étaient protégés contre la concurrence étrangère par des droits réellement prohibitifs.

Il est vrai de reconnaître aussi que le régime de *l'exclusif*, sous lequel, dans l'origine, nos établissements d'outre-mer se trouvaient placés, a subi quelques modifications dans un sens libéral, et la défense faite, dans le principe, à nos colonies de commercer avec l'étranger n'est plus *sans limites*.

Le principe subsiste, néanmoins, et ses applications sont encore assez nombreuses pour gêner le développement commercial. Les entraves qui leur sont encore imposées leur sont d'autant plus préjudiciables, que l'industrie métropolitaine obtient plus de facilités pour améliorer ses produits, et que cette amélioration est singulièrement encouragée par une taxe unique sur le sucre, quel que soit le degré de perfectionnement auquel il puisse atteindre.

Il faut donc, de toute nécessité, que les colonies dont les produits sont frappés des mêmes droits, perfectionnent aussi leur production et arrivent à des prix de revient les plus bas possible, par la faculté de se procurer les objets nécessaires à l'alimentation et à la fabrication dans les meilleures conditions.

Aussi, les conseils généraux des Antilles, la chambre d'agriculture de la Réunion, de nombreuses pétitions et diverses manifestations de la presse coloniale ne cessent de demander au gouvernement de l'Empereur la modification radicale du régime douanier de nos colonies. Elles font observer que, dans l'absence de toute espèce de concurrence, on leur impose des prix exorbitants pour tout ce qui est indispensable, soit pour l'agriculture, soit pour leur industrie, et qu'il en résulte, pour elles, des renchérissements considérables pour leur production.

Elles citent les articles obtenus, dans les colonies espagnoles et anglaises, à moitié prix de ce qu'ils leur coûtent. Il faut le reconnaître, en effet, les cours des objets de première nécessité sont bien plus élevés dans nos Antilles que dans les colonies étrangères voisines (Antigue, Trinidad, Barbade, Demarara). Ainsi, à ne considérer que les intérêts coloniaux, il est évident que ces intérêts réclament avec raison la liberté d'exportation des produits et l'introduction des objets dont les planteurs ont besoin. Notre industrie nationale ne saurait, d'ailleurs, s'inquiéter beaucoup de cette faculté ; car, au moyen des droits par lesquels elle est protégée sur le marché métropolitain, et qui seraient également perçus sur le marché colonial, elle aurait toujours la même protection et ne saurait se plaindre de se trouver aux colonies, dans les mêmes conditions que celles dans lesquelles elle est placée en France.

N'est-il pas juste, d'ailleurs, de n'imposer au consommateur français, aux colonies, que les mêmes charges que la loi a voulu demander au consommateur en France, lorsqu'il réclame l'usage des produits étrangers ?

Mais il est un autre intérêt que celui de l'industrie, que celui même du consommateur, dont on a dû se préoccuper : c'est l'intérêt de notre commerce maritime, c'est-à-dire de notre navigation, dont la conservation importe à un si haut degré à la puissance même de la France. On ne saurait vouloir abandonner cette importante navigation.

Mais, d'abord, n'est-il pas probable qu'avec les habitudes prises de certaines consommations françaises dans nos colonies, les relations commerciales continueront, dans une immense proportion, à donner la préférence au marché métropolitain et à notre pavillon? Sous ce rapport, la navigation entre la France et les colonies représente, chaque année, 500 000 à 600 000 tonneaux de fret. L'exemple de l'Angleterre est de nature à nous rassurer. En effet, pour la Grande-Bretagne, le rappel des lois de navigation a ouvert les colonies anglaises aux bâtiments des autres pays, et cependant le mouvement maritime métropolitain est loin d'avoir subi la moindre décroissance. A Maurice, par exemple, colonie qui offre de l'analogie avec le plus florissant des établissements français, le mouvement maritime national, qui était, en 1842, de 389 navires jaugeant 91 000 tonneaux, s'était élevé, en 1858, à 550 navires et à 296 000 tonneaux. Ces proportions s'accroissent encore annuellement.

Durant la même période, il est vrai, le mouvement du commerce étranger s'élevait de 50 navires à 295 et de 12 000 tonneaux à 116 000. Mais, si l'augmentation du commerce étranger a été relativement plus considérable, cela tient à ce que les navires étrangers étaient peu nombreux avant l'abolition de l'acte. En définitive, ce qui est important, c'est que la marine britannique a vu ses navires porter 296 000 tonneaux, au lieu de 91 000.

Dans les Antilles anglaises, le mouvement a été moins rapide, et cependant, de 1849 à 1858, la valeur des importations et des exportations réunies s'est élevée de 177 000 000 de francs à 245 000 000, et, dans ce mouvement, la part de l'activité nationale était de 80 pour 100.

Ces résultats montrent que la suppression du pacte colonial et de l'acte de navigation n'a pas causé de préjudice à la marine anglaise, et que le mouvement maritime métropolitain, loin d'être compromis par la cessation de ses priviléges de la navigation réservée, a suivi une marche constamment ascendante.

Au surplus, ce que je propose à Votre Majesté n'est pas de renoncer à tout avantage en faveur de notre pavillon pour la navigation, entre la métropole et les colonies, mais, en réalité, sous un régime d'assimilation avec la France, de leur permettre d'exporter librement leurs produits et de demander à l'étranger, aux mêmes tarifs de douanes que la métropole, les approvisionnements dont elles ont besoin.

Seulement, dans un intérêt de protection pour notre marine, il m'a paru convenable d'établir une surtaxe de 30 francs par tonneau pour les provenances ou destinations d'au delà du cap de Bonne-Espérance et du cap Horn, et de 20 francs pour les autres provenances ou destinations.

Conformément au sénatus-consulte du 3 mai 1854, ces dispositions doivent faire l'objet d'un projet de loi. D'accord avec mon collègue, M. le ministre du commerce, j'ai, en conséquence, l'honneur de proposer à Votre Majesté de vouloir bien approuver le renvoi au conseil d'État du projet ci-joint.

Je suis, avec le plus profond respect,

SIRE,

De Votre Majesté,

Le très-humble, très-obéissant et fidèle sujet,

Le Ministre Secrétaire d'État de la Marine et des Colonies,

Signé : Gal P. DE CHASSELOUP-LAUBAT.

(2 février 1861.)

2° Exposé des motifs d'un projet de loi sur le régime des douanes aux colonies de la Martinique, de la Guadeloupe et de la Réunion.

MESSIEURS,

Le projet de loi soumis à vos délibérations a pour objet d'apporter une réforme profonde, devenue nécessaire, dans cet ensemble de dispositions qui, sauf les modifications plus ou moins graves qu'il a subies dans le cours des années, régissent depuis deux siècles les rapports commerciaux de la France avec ses colonies, et qu'on appelle le *Pacte colonial.*

Avant de vous exposer les réclamations que ce régime soulève depuis longtemps, et auxquelles il nous paraît que le moment est venu de donner satisfaction, il convient de retracer brièvement son histoire dans le passé et de le faire connaître avec précision dans les dispositions principales qui le constituent actuellement.

I

La pensée fondamentale du système commercial qui régit les colonies, savoir, que *le commerce d'importation et d'exportation des colonies doit être réservé à la métropole*, remonte à plus de deux siècles; mais elle ne fut pas de suite complétement exprimée et mise en pratique réelle; elle se dégage et se complète peu à peu dans une série d'édits, d'arrêts du conseil et de règlements royaux, comprise entre l'acte du 31 octobre 1626, ayant pour objet *l'association des seigneurs de la Compagnie des îles de l'Amérique*, qui fut formée sous le patronage et avec le concours du cardinal de Richelieu, et l'arrêt du conseil du 30 août 1784, *concernant le commerce étranger dans les îles françaises de l'Amérique*, dernier acte de l'ancienne monarchie sur le régime commercial des colonies.

Il faut suivre le développement du système dans les principaux actes intervenus entre ces deux dates, dont voici un court résumé :

Par un édit du mois de mai 1664, Louis XIV, ayant alors Colbert pour contrôleur général des finances, autorise « une « Compagnie des Indes Occidentales, à laquelle il accorde, à « l'exclusion de tous autres, la faculté de faire seule le com- « merce durant quarante ans dans la terre ferme de l'Amé- « rique, depuis la rivière des Amazones jusqu'à celle d'Oré- « noque..., dans les Antilles..., et même dans la côte d'Afrique, « depuis le cap Vert jusqu'au cap de Bonne-Espérance. »

Un peu plus tard, un règlement royal du 10 juin 1670, rendu sur la proposition de Colbert, qui avait joint à ses « tributions le département de la marine, porte « défense aux « bâtiments étrangers d'aborder dans les ports des colonies « et aux habitants desdites colonies de les recevoir, à peine « de confiscation. »

En décembre 1674, édit qui supprime la Compagnie des Indes Occidentales, réunit au domaine de la couronne *les terres, îles et pays d'Amérique*, et rembourse aux intéressés le montant de leurs actions, « pour faire connaître, dit l'édit, en « quelle considération nous avons ceux qui s'engagent en de « pareilles entreprises, qui tiennent à l'avantage de nos États, « comme aussi pour donner, dès à présent, liberté à tous nos « sujets de faire le commerce dans les pays de l'Amérique,

« chacun pour son compte, en prenant seulement les passe-
« ports et congés ordinaires, et contribuer par ce moyen au
« bien et avantage de nos peuples. »

Il n'est peut-être pas sans intérêt de faire connaître ici le
détail suivant que constate l'édit. A cette époque, le commerce
des colonies occupait près de 100 navires, depuis 50 jusqu'à
300 tonneaux de port ; « ce qui donne, dit l'arrêt, de l'emploi
« à grand nombre de pilotes, matelots, canonniers, charpen-
« tiers et autres ouvriers, produit le débit et consomma-
« tion des denrées qui croissent et se recueillent en notre
« royaume. »

20 août 1688, règlement royal par lequel Sa Majesté, « sur
« ce qui lui a été représenté.... que les différents mouvements
« et désordres que la guerre a causés, ont fait trouver aux
« étrangers les moyens de s'introduire dans les colonies, en
« sorte que la plupart des marchandises qui y ont été envoyées
« depuis la conclusion de la paix n'ont pu être vendues, et
« les bâtiments français ont été obligés d'y faire un séjour
« considérable pour prendre leurs chargements..., et con-
« naissant combien il est important de conserver en entier
« dans la main de ses sujets ce commerce et cette navigation,
« estime nécessaire de renouveler ses premiers ordres, en y
« ajoutant ce qu'elle a jugé pouvoir remédier aux abus qui s'y
« sont glissés.... »

24 juillet 1708, arrêt du conseil, rendu sur la requête du
fermier du domaine d'Occident, qui « retire la permission
« d'exporter en droiture des colonies à l'étranger, parce
« qu'elle amenait des abus et causait une diminution considé-
« rable dans les produits des droits de la ferme. »

Cet arrêt de 1708 ajoute que « les maîtres et capitaines de
« navires seront tenus d'apporter en France tous les fruits,
« denrées et marchandises qu'ils chargeront aux îles fran-
« çaises d'Amérique, et, de plus.... les chargeurs seront tenus
« de revenir directement en France y décharger lesdites mar-
« chandises, etc. »

Une ordonnance du 26 novembre 1719 et un règlement
royal du 23 juillet 1720 renouvellent la défense « de laisser
« arriver ni vaisseaux ni marchandises de l'étranger aux îles
« françaises, et d'enlever le sucre ou autres produits. »

Une instruction royale du 20 août 1726 sur l'administration
coloniale recommande que *les étrangers ne fassent aucun commerce dans les îles.*

Par l'édit d'avril 1717, qu'on a appelé le *Code noir*, le roi déclare « qu'étant informé que les différentes conjonctures « des temps ont donné occasion à une grande multitude d'ar- « rêts, dont les dispositions, absolument contraires, ou diffi- « ciles à concilier, font naître de fréquentes contestations « entre les négociants et l'adjudicataire des fermes, il a jugé « nécessaire d'y pourvoir par une loi fixe et certaine. »

Et l'article 26 de cet édit porte :

« Défendons expressément aux habitants des îles et colo- « nies et aux négociants du royaume de transporter desdites « îles dans les pays étrangers, ou dans les îles étrangères voi- « sines des colonies, aucune marchandise du cru des îles « françaises, à peine, etc. »

De nouvelles lettres patentes en forme d'édit, concernant le commerce étranger aux îles et colonies de l'Amérique, en date d'octobre 1727, confirment en ces termes l'interdiction qui précède :

« Défendons à nos sujets de faire sortir de nos îles et colo- « nies aucuns nègres, effets, denrées et marchandises, pour « être envoyés dans les pays étrangers et colonies étran- « gères. »

Toutefois, les lettres patentes de 1727 contiennent deux exceptions à la rigueur du système :

1° L'exportation des sucres terrés et raffinés des Antilles est autorisée également pour les ports d'Espagne par navires français ;

2° L'importation aux Antilles des viandes salées d'Irlande est autorisée, mais par navires français chargés dans les ports de France.

Quelques modifications un peu plus sérieuses furent ap- portées au système, lorsque la France perdit le Canada en 1761 et céda la Louisiane en 1762. Par suite de ces événe- ments, les Antilles cessaient d'être suffisamment approvision- nées de certains objets de première nécessité et manquaient de débouchés pour leurs sirops et leurs tafias.

Enfin vint l'arrêt du conseil du 30 août 1784, qui, tout en maintenant le principe, permit « aux navires étrangers du « port de 60 tonneaux au moins, uniquement chargés de bois « de toute espèce, même de bois de teinture, de charbon de « terre, d'animaux et bestiaux vivants de toute nature, de sa- « laisons de bœufs et non de porcs, de morue et poisson « salés, de riz, maïs, légumes, de cuirs verts en poils ou

« tannés, de pelleteries, de résines et goudrons, d'aller dans
« les seuls ports d'entrepôt désignés par l'article précédent,
« et d'y décharger et commercer lesdites marchandises. »

L'article 3 ajoutait : « Il sera permis aux navires étrangers
« qui iront dans les ports d'entrepôt, soit pour y porter les
« marchandises permises par l'article 2, soit à vide, d'y
« charger pour l'étranger, uniquement des sirops et tafias, et
« des marchandises venues de France. »

En résumé, sous l'ancien régime, le commerce des colonies
était régi par les dispositions fondamentales suivantes, auxquelles il n'avait été fait que des exceptions insignifiantes :

1° Réserve exclusive, au profit de la métropole, du droit
d'approvisionner ses colonies de tous les objets quelconques
dont elles avaient besoin.

2° Interdiction aux colonies de vendre leurs produits à d'autres pays qu'à la métropole.

3° Défense d'élever les denrées récoltées à l'état de produits
manufacturés.

4° Réserve aux navires français du transport de tous les
objets exportés des colonies à la métropole ou dans les autres
colonies, ou de la métropole aux colonies.

Les motifs économiques très-simples qui, en dehors des
considérations d'intérêt politique, avaient déterminé l'adoption de ce régime, étaient les suivants :

1° Procurer aux produits du sol et de l'industrie de la métropole des débouchés constamment ouverts, indépendants
de la mobilité du commerce étranger.

2° Assurer à ces produits des marchés à l'abri de toute concurrence étrangère.

3° Obtenir, par voie d'échange et sans exportation de numéraire, des denrées que notre sol ne produit pas, qui sont
nécessaires à la consommation du pays, et soustraire ainsi
notre commerce à l'obligation de recourir à l'étranger pour
s'approvisionner de ces denrées.

4° Donner de l'emploi à la navigation nationale et aux industries qui s'y rattachent.

Tout était, comme on le voit, réglé dans ce système, au
point de vue de l'intérêt exclusif ou prédominant de la France.
Il était basé en définitive sur cette espèce d'axiome, sans
cesse répété, que les colonies existent pour la France,
qu'elles doivent être gouvernées et administrées dans l'intérêt de la France.

Toutefois ce système rigoureux avait une compensation importante au profit des colonies; c'est que tous leurs produits avaient sur le marché de la métropole un débouché assuré, qui leur était garanti, soit par des prohibitions, soit par une forte protection.

Il est inutile de rappeler que ce système, si logique, si parfaitement coordonné et très-énergiquement appliqué, a eu une réelle efficacité sous l'ancienne monarchie.

A la fin du dix-septième siècle et pendant le dix-huitième, nos colonies étaient nombreuses et florissantes. Notre marine marchande était dans un grand état de prospérité et ne redoutait aucune concurrence. Elle était alimentée dans de grandes proportions par l'immense production de nos colonies, par les échanges auxquels leur commerce donnait lieu, par la traite et le trafic avec la côte d'Afrique que la traite amenait, enfin par le commerce du Levant.

II

La Révolution ne changea point le système commercial des colonies. Aucune disposition législative n'intervint pour le formuler à nouveau; on le prit tel qu'il était, et la loi des 22 juin-17 juillet 1791, sur les armements des vaisseaux destinés pour le commerce des îles et colonies françaises, ainsi que l'acte de navigation du 21 septembre 1793, le confirmèrent implicitement.

L'Empire ne le modifia point; mais les colonies lui échappèrent.

La France perdit la Martinique une première fois en 1802, une seconde fois en 1809; la Guadeloupe lui fut enlevée en 1810, et l'île Bourbon, aujourd'hui île de la Réunion, dans la même année.

Ces colonies, les seules dont nous ayons à nous occuper ici, lui furent rendues après les traités de Paris et de Vienne; et il était difficile de revenir, dès le premier moment, à l'ancien système colonial. Presque tout était à créer à l'île Bourbon, plus éloignée d'ailleurs que les Antilles de la métropole, et dont les rapports avec l'île Maurice, qui ne nous avait point été rendue, devaient être ménagés. A la Guadeloupe et à la Martinique, il y avait lieu de tenir compte, pour un certain temps au moins, des rapports commerciaux qui s'y étaient formés sous la domination anglaise.

Mais dans l'intérêt de notre marine marchande, qui se relevait péniblement de l'anéantissement auquel elle avait été réduite, et de notre industrie nationale si cruellement affectée par nos longues guerres, la Restauration devait très-naturellement chercher à rétablir les anciens rapports qui avaient existé entre la métropole et les colonies, et, par suite, à reconstituer le système qui avait toujours été considéré comme nécessaire au maintien de ces relations.

On le fit peu à peu, avec certaines précautions; on ne le rétablit jamais dans son ancienne rigueur; de nombreuses dérogations furent faites aux règles du passé; la défense aux colonies de commercer avec l'étranger cessa d'être absolue; mais elle redevint la règle et le principe de leur régime commercial, et fut particulièrement consacrée à nouveau par l'ordonnance du 5 février 1826, spéciale aux Antilles, qui déclara dans sa disposition finale que l'arrêt du conseil du 30 août 1784 et tous autres règlements en vigueur continueraient d'être exécutés dans celles de leurs dispositions auxquelles il n'était point dérogé par l'ordonnance ou par des actes antérieurs.

Voici quelles sont en ce moment les dispositions principales qui constituent le régime commercial de ce qu'on appelle les colonies à culture, lesquelles sont au nombre de quatre : au delà du Cap, *la Réunion;* en deçà du Cap, dans les Antilles, *la Martinique* et *la Guadeloupe* avec ses dépendances, et *la Guyane française*, y compris Cayenne, dont nous n'avons pas à nous occuper ici, parce que, aux termes du sénatus-consulte du 3 mai 1854, une loi n'est pas nécessaire pour en régler le régime commercial.

Quant aux autres établissements coloniaux, ils sont, sous le rapport du tarif des douanes, considérés comme simples possessions françaises hors d'Europe, et soumis à ce titre à un régime très-différent de celui qui est réservé aux colonies proprement dites. Nous n'avons pas non plus à en parler.

Les dispositions qui régissent le commerce des colonies à culture, et que nous allons rappeler, résultent de la combinaison des anciens édits, arrêts du conseil et règlements, avec l'ordonnance du 5 février 1826, dont quelques articles subsistent encore, et la loi du 29 avril 1845, en ce qui concerne les Antilles, et en ce qui touche la Réunion, avec l'ordonnance du 18 octobre 1846, qui aurait dû être, mais qui n'a jamais été soumise à la ratification du pouvoir législatif, qui n'a donc pas en réalité une existence légale bien nette.

Quatre principes fondamentaux constituent encore aujourd'hui le pacte colonial ; les voici :

1° Les produits des colonies ne peuvent être transportés que sur le marché métropolitain.

2° La navigation entre les colonies et la métropole et *vice versa*, ainsi que la navigation de colonie à colonie, est réservée à la marine française.

3° Le marché colonial est fermé aux produits étrangers. La production métropolitaine peut seule alimenter le marché des colonies, sauf les exceptions déterminées.

4° Les produits coloniaux ont un privilège ou traitement de faveur sur le marché métropolitain ; des droits protecteurs garantissent un débouché certain à la production des colonies.

Reprenons chacune de ces dispositions; il faut bien connaître le développement qu'elles ont reçu, ainsi que les dérogations ou exceptions qui y ont été apportées.

Premier principe. — Transport des produits coloniaux sur le marché métropolitain.

Les produits des colonies ne sont admis que dans un certain nombre de ports français spécialement dénommés, au nombre de trente-trois.

Ils sont exportés sans droits de sortie.

Ils doivent être expédiés en droiture, sous peine de perdre le traitement de faveur ou privilège colonial qui leur est assuré sur le marché français.

Tous ceux de ces produits pour lesquels il n'est pas stipulé un traitement de faveur, comme le sucre, le café, le cacao, etc., sont soumis à leur entrée en France aux mêmes conditions que les marchandises de même espèce importées de l'Inde ou des autres pays hors d'Europe.

Quelques exceptions fort restreintes ont été faites au principe que les produits coloniaux ne peuvent être transportés des colonies que sur le marché métropolitain.

Il y a exception, en ce qui touche les Antilles, pour les sirops et tafias (art. 3 de l'arrêt du conseil du 30 août 1764, art. 12 de l'ordonnance du 5 février 1826), qui peuvent être exportés par navires étrangers et à toutes destinations avec exemption de droits de sortie.

En ce qui touche la Réunion, il y a exception générale pour tous les produits autres que le sucre, le café et le coton.

Les produits, autres que ceux qui viennent d'être nommés, peuvent tous être exportés de la colonie pour l'étranger par navires français sans droits, et par navires étrangers, moyennant un droit de 2 fr. par 100 kil. ou par hectolitre (art. 5, § 3 de l'ordonnance du 18 octobre 1846). Il y a même exception spéciale pour les sucres, cafés et cotons, lorsque les bâtiments français sur rade ou ceux dont l'arrivée prochaine serait signalée ont leur chargement assuré; et, dans ce cas, les exportations pour l'étranger sont frappées d'un droit de 12 pour 100 (art. 10 de l'arrêté du gouverneur du 11 septembre 1817).

Deuxième principe. — Attribution exclusive à la marine métropolitaine de tous les transports des colonies à la métropole, de la métropole aux colonies, des colonies entre elles.

Les transports des colonies à la métropole et *vice versa* ne peuvent être faits que par navires de 40 tonneaux au moins. Point d'exception à ce principe.

Troisième principe. — Interdiction du marché colonial aux produits étrangers.

Le marché colonial est par privilége réservé aux produits métropolitains, ou aux produits étrangers nationalisés par le payement des droits; ces produits ne payent aucun droit d'entrée, à l'exception des eaux-de-vie à la Réunion.

Ce principe est celui qui a subi le plus d'exceptions. Il y a été dérogé dans ces derniers temps, presque d'année en année.

La loi du 29 avril 1845 a autorisé l'importation aux Antilles de certaines marchandises étrangères dénommées, au nombre de 61, classées en deux tableaux, dont l'un comprend des marchandises usuelles de grande consommation, ayant presque toutes leurs similaires dans les produits français; les premières, frappées d'un droit sensiblement protecteur pour les marchandises françaises similaires, les autres, assujetties à une sorte de droit de balance.

Les exceptions pour la Réunion sont plus nombreuses; elles ont été inscrites dans l'ordonnance du 18 octobre 1846, qui comprend 216 espèces de marchandises étrangères admises dans la colonie et divisées en quatre catégories : la première, composée en général de denrées alimentaires, de boissons, de tissus, d'objets d'habillement et de matériaux de construction, soumise à des droits spécifiques peu élevés; la seconde, d'objets de Chine, au droit de 12 pour 100 de la valeur; la troisième, de marchandises venant de Pondichéry et des autres colonies ou établissements français, admise moyennant des droits *ad valorem* qui varient de 10 à 20 pour 100; la quatrième et dernière, de produits naturels de l'Inde, pour la plupart reçus en franchise de droit.

Une différence essentielle doit être signalée entre la loi du 29 avril 1845, qui régit les Antilles, et l'ordonnance du 18 octobre 1846, relative à la Réunion. La loi du 29 avril 1845 autorise l'importation des marchandises étrangères, aussi bien par pavillon étranger que par pavillon français et sans surtaxe; toutefois celles qui sont comprises au tableau n° 1 ne peuvent être importées que par navires français, quand elles viennent d'Europe ou des pays situés sur la Méditerranée; et, dans ce cas, elles jouissent d'une réduction de droit d'un cinquième. L'ordonnance du 18 octobre 1846, plus libérale sur beaucoup de points que la loi de 1845, l'est moins en ce qui touche la question du pavillon. Les articles du tableau A et B ne peuvent être importés que par pavillon français; les autres, par pavillon français et par pavillon étranger, mais avec surtaxe de pavillon, peu élevée il est vrai.

Dans les trois colonies, les marchandises étrangères interdites peuvent être admises dans les entrepôts coloniaux, lorsqu'elles sont expédiées des entrepôts de la métropole, et, dans ce cas, elles peuvent être livrées à la consommation sous la condition de payer les droits d'entrée du tarif général de France, et même le cinquième seulement de ces droits sur les fers et aciers non ouvrés, ainsi que sur les fers et aciers qui auraient été convertis en machines et appareils dans les usines françaises pour la réexportation.

Depuis la loi de 1845 et l'ordonnance de 1846, de nouvelles exceptions ont été admises.

Ainsi, par un décret du 31 janvier 1855, les vins de toute espèce peuvent être importés dans les trois colonies au droit de 5 fr. par navires étrangers, et de 25 c. par navires français.

Par un décret du 10 mars 1855, l'importation des viandes salées de toutes sortes a été autorisée, également pour les trois colonies, de toutes provenances et sous tous pavillons sans surtaxe, au droit minime de 50 c. les 100 kil.

Par un décret du 30 janvier 1856, confirmé par la loi du 18 avril 1857, on a autorisé l'importation aux Antilles : 1° par navires français, de certaines marchandises de Pondichéry et des autres établissements français de l'Inde, spécialement nécessaires aux coolis, moyennant des droits spécifiques ou *ad valorem*, réduits d'un cinquième, lorsque l'importation a lieu des entrepôts de la métropole ; 2° par tous navires, des animaux propres à la reproduction, sans droits, et du tabac au droit de 60 fr. en feuilles, 120 fr. s'il est préparé.

Aux termes du même décret, la vanille est admise aux Antilles au droit de 5 fr. par navires français, de 10 fr. par navires étrangers, à la Réunion au droit de 10 fr. et de 15 fr.

Par un décret du 16 août 1856, l'importation des mules et mulets a été autorisée dans les Antilles au droit de 15 fr. par navire français, de 30 fr. par navires étrangers.

Vous n'avez point oublié les deux lois du 24 juillet 1860, qui ont autorisé aux Antilles et à la Réunion les importations de froment, maïs, légumes, farines et riz, en franchise par navires français, au droit de 25 c. pour le riz et de 2 fr. pour les céréales, par navires étrangers.

Enfin nous terminerons cette longue énumération par le décret du 29 septembre 1860, qui soumet l'importation, dans les trois colonies, des machines et mécaniques, objets en fonte, fer ou tôle propres à l'exploitation des sucreries, provenant des manufactures étrangères, aux mêmes droits et aux mêmes conditions qu'en France.

Quatrième principe. — Privilège des produits coloniaux.

Le privilège dont les produits coloniaux jouissent sur le marché français est pour les colonies la seule compensation qui leur soit accordée en échange des restrictions que nous venons d'énumérer. Ces restrictions sont pour elles les charges du contrat; le débouché assuré et privilégié de leurs produits sur le marché métropolitain en est le bénéfice.

Il faut en convenir, ce bénéfice s'est atténué de plus en plus, et il a été finalement réduit à des proportions qui excitent de la part des colonies les plaintes les plus vives : le principe du privilège des produits coloniaux sur le marché métropolitain a subi de telles atteintes, qu'on peut presque le considérer comme aboli.

Voici, en effet, à quoi il se réduit en ce moment :

En dehors du sucre, dont nous parlerons en dernier lieu, les seuls produits de quelque importance qui nous viennent des colonies sont le café, le cacao, la girofle, la vanille et le tafia. Voici le taux de la protection dont jouissent ces produits sur notre marché, par comparaison avec les produits similaires étrangers le plus favorisés :

Droit sur le produit colonial.	Droit sur le produit étranger.	Protection.
Cafés......... 30 f. les 100 kil.	42 f.	12 f.
Avant la loi du 24 mai 1860, la protection était de 18 fr.		
Cacao......... 20 f. les 100 kil.	25 f.	5 f.
Avant la loi de 1860, la protection était de 10 francs.		
Girofle (clous).. 30 f. les 100 kil.	100 f.	70 f.
Girofle (griffes). 7 —	25	18
Vanille...... Exempte.	250	250
Tafia....... Exempt.	25 l'hect.	25

Sur ces divers produits, il faut le reconnaître, la protection paraît avoir par son chiffre une certaine valeur. Mais, pour l'apprécier dans son importance relative, il faudrait pouvoir se rendre compte du prix de revient de ces mêmes produits dans nos colonies, comparé au prix de revient de ces mêmes produits dans les autres pays producteurs. Toutefois, il y a lieu de remarquer d'abord qu'ils jouent un rôle tout à fait secondaire dans la production des colonies, et en second lieu qu'on ne se plaint pas de l'insuffisance de la protection qui leur est accordée.

Quant au sucre, qui est le vrai produit, le produit utile des colonies, depuis longtemps, et notamment depuis que la betterave est venue lui faire une si redoutable concurrence, le privilège dont il jouissait autrefois a été restreint de plus en plus. Pour ne remonter qu'à la loi du 13 juin 1851, voici quelle est la proportion à laquelle la protection accordée au sucre des colonies a été successivement réduite.

D'après cette loi, cette protection était de :

6 fr. à l'égard du sucre indigène;

12 — à l'égard du sucre étranger importé par navire français de Chine, Cochinchine, îles Philippines et Siam;

14 — à l'égard du sucre étranger importé par navire français de l'Inde;

17 — à l'égard du sucre étranger importé par navire français de tous autres pays hors d'Europe;

27 — à l'égard du sucre étranger importé des entrepôts par navires français;

32 — à l'égard du sucre étranger importé par navire étranger.

Après quatre ans, le droit sur le sucre colonial devait être uniformisé avec le droit du sucre indigène; et tous les chiffres de différence ci-dessus, réduits de 6 francs.

Une détaxe de 3 fr. était de plus accordée au sucre des colonies françaises situées au delà du cap de Bonne-Espérance.

Le décret du 27 mars 1852 releva un peu la protection au profit du sucre colonial; elle fut portée à :

7 fr. à l'égard du sucre indigène;

14 — à l'égard du sucre étranger importé par navire français de Chine, Cochinchine, îles Philippines et Siam;

16 — à l'égard du sucre étranger importé par navire français de l'Inde;

19 — à l'égard du sucre étranger importé par navire français des autres pays hors d'Europe;

29 — à l'égard du sucre étranger importé par navire français des entrepôts;

34 — à l'égard du sucre étranger importé par navire étranger.

Après quatre ans, la différence de droits entre le sucre indigène et le sucre colonial devait disparaître, et la protection à l'égard du sucre étranger devait être réduite de 7 fr. sur chacun des chiffres ci-dessus.

La détaxe de 3 fr. était maintenue au profit du sucre des colonies françaises situées au delà du Cap.

Par la loi du 28 juin 1856, la protection accordée au sucre colonial, tant à l'égard du sucre indigène qu'à l'égard du sucre étranger, fut prorogée dans les termes du décret du 27 mars 1852, mais jusqu'au 30 juin 1858 seulement; du 1er juillet 1858 au 30 juin 1859, elle devait être réduite

2

de 2 fr. sur chacune des taxes différentielles; du 1er juillet 1859 au 30 juin 1861, de 4 fr., et de 7 fr. après cette dernière date.

Les colonies d'au delà du Cap continuèrent à jouir d'une détaxe spéciale de 3 fr.

Vous connaissez les modifications profondes apportées à cette situation par la loi du 23 mai 1860.

Une protection de 3 fr. à l'égard du sucre indigène a été maintenue au profit du sucre colonial jusqu'au 30 juin 1866; à cette époque, elle cessera.

La protection à l'égard du sucre étranger importé par navire français a été réduite à 3 fr., sans distinction entre les pays de provenance, soit 6 fr. avec la détaxe qui ne durera que jusqu'en 1866; à 9 fr. et 12 fr. lorsqu'il sort des entrepôts, et à 14 et 17 fr. s'il est importé par navire étranger.

La détaxe spéciale de 3 fr., au profit du sucre des colonies au delà du Cap, est maintenue, mais seulement jusqu'au 30 juin 1864. Réduite à 1 fr. 50 c. à cette date, elle sera supprimée au 30 juin 1865.

Il est vrai que cette réduction de la protection coïncide avec une réduction énorme sur le droit lui-même, ce qui a pour but et ce qui aura certainement pour effet, avec le temps, d'augmenter notablement la consommation et d'ouvrir, par conséquent, un champ nouveau à la production des colonies.

Enfin, Messieurs, vous connaissez la mesure plus radicale prise par le décret du 16 janvier 1861, qui a supprimé la surtaxe de 3 fr. sur les sucres étrangers importés par navire français.

En sorte que, dans l'état actuel des choses, le sucre colonial ne jouit plus, tant à l'égard du sucre étranger qu'à l'égard du sucre colonial, que d'une protection purement temporaire de 3 fr. pour le sucre des Antilles, de 6 fr. pour le sucre de la Réunion.

Nous ne parlerons pas de la surtaxe sur les sucres importés par navires étrangers, qui est moins une protection pour le sucre qu'une protection pour le pavillon.

III

Messieurs, sous l'empire de la législation dont nous venons d'exposer succinctement les phases diverses et de mettre sous vos yeux l'état actuel, que sont devenues les colonies, et quelle est en ce moment leur situation? C'est ce que nous devons étudier avec soin et vous faire connaître avec exactitude.

Il est assurément permis de penser, avec l'auteur d'un écrit récent sur la situation économique des Antilles, que la mesure généreuse et humaine, mais trop précipitée, qui a émancipé les esclaves, sera un jour pour nos colonies « une source de résultats féconds et salutaires, en forçant les habitants à sortir de l'apathie dans laquelle les entretenaient la facilité de la production et son faible prix de revient[1]. » Mais il est certain qu'elle leur a porté, momentanément au moins, un rude coup, et qu'elle a compromis pour longtemps les intérêts des colons de la manière la plus grave. La production s'en est ressentie immédiatement.

A la Martinique, de 15 248 000 fr., valeur des exportations des produits de la colonie en 1847, on est tombé, en 1848, à 7 204 000 fr.;

A la Guadeloupe, de 18 701 000 fr. à 7 505 000 fr.;

A la Réunion, de 11 492 000 fr. à 7 876 000 fr.

La production des colonies a regagné, il est vrai, aujourd'hui, et même a dépassé sensiblement les chiffres des années antérieures à l'affranchissement; à la Réunion, elle a plus que doublé. Aussi, si l'on ne consultait que le tableau des exportations des colonies, on pourrait croire que le travail libre a très-largement indemnisé les colons de la perte du travail esclave. Voici, en effet, ce que constatent à cet égard les états des douanes locales :

Exportations des produits du cru des colonies de 1843 à 1847
et de 1855 à 1859[2].

Années.	Martinique. fr.	Guadeloupe. fr.	Réunion. fr.
1843............	11 669 656	12 492 255	14 531 181
1844............	16 492 309	16 829 275	13 999 946
1845............	15 665 296	16 396 232	14 776 671
1846............	13 972 577	13 140 362	14 317 652
1847............	15 248 963	18 701 696	11 492 031
Moyenne des 5 années.	14 609 360	15 511 964	13 823 000

---

1. M. de Crisenoy, *Étude sur la situation économique des Antilles*, p. 43.
2. Il est curieux de rapprocher de ces chiffres ceux des valeurs exportées des colonies avant la Révolution.
En 1790, les exportations de la Martinique présentaient une valeur de

Années.	Martinique. fr.	Guadeloupe. fr.	Réunion. fr.
1855............	12 638 781	13 492 383	24 940 730
1856............	17 312 647	14 495 127	28 224 912
1857............	22 154 624	21 770 558	31 808 999
1858............	15 937 419	15 024 054	26 959 625
1859............	18 764 485	17 376 975	31 952 043
Moyenne des 5 années.	17 361 591	16 431 819	28 777 261

Mais, pour se rendre un compte exact de la situation des colonies, pour en comprendre les embarras et les périls, il ne faut pas se borner à rapprocher le montant de leur production avant et après l'affranchissement; il faut rechercher quels sont les profits ou les bénéfices de cette production, en un mot faire la balance de ce qu'elle coûte et de ce qu'elle rapporte.

L'indemnité accordée aux colons, à l'occasion de l'affranchissement des noirs, avait en grande partie été employée à liquider la dette fort considérable qui grevait la propriété foncière aux colonies. Les colons se sont donc trouvés immédiatement en face d'une triple cause de dettes nouvelles :

1° La suppression ou la diminution très-notable de leurs revenus pendant les années qui ont suivi immédiatement l'affranchissement, et l'impossibilité de pourvoir, avec ces revenus détruits ou amoindris, aux plus pressants de leurs besoins;

2° L'obligation de remplacer les noirs affranchis qui se refusaient au travail, par des ouvriers libres, qu'il fallait faire venir de l'Inde, de la Chine ou de l'Afrique à très-grands frais, et dont l'entretien était en outre plus coûteux que celui des travailleurs esclaves;

3° Enfin la nécessité de se procurer un fond de roulement et d'aviser aux améliorations les plus urgentes de l'outillage et des moyens de fabrication, pour pouvoir lutter avec moins

---

31 465 043 liv. tourn., dont 30 286 286 liv. pour la France; la colonie importait pour une valeur de 12 638 476 liv., dont 10 442 137 liv. de marchandises françaises.

A la Guadeloupe, le commerce d'échange de la colonie avec la France se traduisait par un chiffre de 24 586 397 liv., dont 18 541 702 à l'exportation, et 6 044 695 liv. à l'importation.

Pour la Réunion, on ne connaît pas exactement l'importance de son mouvement commercial avec la France avant la révolution. Il se faisait par l'intermédiaire de l'escale à l'Ile-de-France.

de désavantage, soit contre la production du sucre de betteraves qui allait sans cesse en se perfectionnant, soit contre la
production des colonies à esclaves qui subsistaient encore, et
où le travail continuait à se faire à des conditions beaucoup
moins onéreuses.

Il n'est que trop facile de comprendre que cette triple
cause de dépenses extraordinaires a dû complétement épui-
ser les capitaux du petit nombre de colons qui pouvaient en
avoir, et forcer tous ceux qui n'en avaient pas à contracter
une masse de dettes dont le chiffre n'est pas connu, mais
que tout le monde déclare être fort considérables, et qui
s'augmentent d'année en année; car la source des dépenses
extraordinaires n'est pas tarie. Il s'en faut de beaucoup que
les colons soient au bout des sacrifices que leur imposent
l'importation des travailleurs libres et surtout l'amélioration
et le renouvellement de leurs établissements et de leur matériel de fabrication.

L'insuffisance permanente des ressources des colons, pour
faire face à leurs dépenses, depuis 1848, se manifeste de la
manière la plus évidente par la comparaison des valeurs exportées annuellement par les colonies et des valeurs importées par elles de France et de l'étranger. La balance de ces
deux chiffres constate un déficit toujours croissant; encore
n'en donne-t-elle qu'une idée incomplète, car dans ces chiffres ne figurent pas plusieurs natures de dépenses et de
dettes, entre autres celles qui sont relatives aux engagements
pris par les colons envers les compagnies qui leur fournissent des travailleurs, et qui, si nous sommes bien informés,
restent créancières de sommes considérables.

Quoi qu'il en soit, nous recommandons à l'attention du
Corps législatif les tableaux suivants, où sont mis en regard,
année par année, depuis 1848, les exportations et les importations des colonies.

Etat comparatif des exportations et des importations aux colonies
depuis 1848.

MARTINIQUE.

Années.	Exportation.	Importation.
1848...............	9 208 554	14 153 733
1849...............	10 891 782	16 524 306
1850...............	9 737 676	17 930 076

Années.	Exportation.	Importation.
1851................	13 580 971	21 536 567
1852................	14 594 544	25 625 695
1853................	12 992 927	22 998 125
1854................	15 762 542	23 797 638
1855................	15 236 688	19 813 591
1856................	20 186 613	23 833 540
1857................	24 830 093	22 696 221
1858................	18 341 794	27 779 133
1859................	20 862 303	22 573 325
Moyenne des 12 années....	15 685 540	21 605 154

GUADELOUPE.

Années.	Exportation.	Importation.
1848................	8 873 539	11 980 481
1849................	10 229 298	12 495 115
1850................	8 155 932	12 741 735
1851................	11 885 027	17 596 014
1852................	10 183 897	19 157 895
1853................	9 600 728	17 686 068
1854................	14 006 483	19 991 473
1855................	15 147 176	18 214 983
1856................	15 832 684	23 671 375
1857................	23 319 277	22 470 671
1858................	17 256 286	24 369 239
1859................	19 070 428	20 632 877
Moyenne des 12 années....	13 630 063	18 417 327

RÉUNION.

Années.	Exportation.	Importation.
1848................	9 107 507	10 569 375
1849................	10 428 646	11 552 739
1850................	11 936 256	15 715 284
1851................	11 136 763	17 575 660
1852................	13 939 032	20 910 489
1853................	15 296 072	22 195 991
1854................	18 057 113	26 798 891
1855................	26 366 445	31 239 793
1856................	29 677 084	28 309 904
1857................	33 130 125	32 229 543
1858................	28 872 681	42 342 266
1859................	34 201 892	42 608 663
Moyenne des 12 années....	20 179 135	25 170 716

Comme on le voit très-clairement par ces tableaux, chaque

année, depuis douze ans, la valeur des produits exportés a été inférieure, dans chacune des colonies, de plusieurs millions à celle des produits importés. Une fois seulement, à la Martinique et à la Guadeloupe, en 1857, deux fois à la Réunion, en 1856 et en 1857, les exportations ont quelque peu dépassé les importations ; mais, toutes les autres années, les colonies ont vendu moins qu'elles n'ont acheté, elles ont reçu moins qu'elles n'ont dépensé, et la différence a été, chaque année, de plusieurs millions : en moyenne de 5 919 614 fr. par an à la Martinique, de 4 787 264 fr. à la Guadeloupe, et de 4 787 264 fr. à la Réunion.

Il faut ajouter qu'aux Antilles la situation s'est compliquée, le déficit s'est aggravé et les moyens d'amélioration et de progrès sont devenus plus difficiles, par l'effet d'une crise monétaire presque endémique, dont il ne rentre pas dans notre sujet d'énumérer les causes diverses et de retracer l'histoire. Cette crise est en ce moment calmée, depuis que le Gouvernement a obtenu récemment, pour les banques des Antilles, le secours de la Société du comptoir d'escompte de Paris, qui a ouvert à ces banques un crédit de 10 millions et mis à leur disposition des facilités de remises, tant en France qu'à l'étranger, qui leur manquaient. Mais ces moyens de crédit seront bien vite épuisés, et la crise ne tardera pas à renaître, si en définitive ceux qui s'en serviront ne parviennent pas à rendre fructueuses les dépenses pour lesquelles on leur ouvre de nouvelles facilités, et à faire que les recettes, arrivant enfin à dépasser les dépenses, leur permettent de se libérer et de rendre disponibles, pour d'autres personnes ou pour d'autres améliorations, les capitaux et les crédits mis à la disposition des banques coloniales. Si l'on n'en arrive pas là, les efforts tentés pour améliorer la situation n'auront fait que l'aggraver et rendre plus désastreuse la ruine des colonies.

Comment y arriver? Cela revient à dire : en quoi les dépenses sont-elles excessives? Car il n'y a pas à penser à améliorer directement les recettes; le prix des sucres est déterminé sur le marché métropolitain par la concurrence des sucres indigènes et des sucres étrangers qui y sont admis aujourd'hui sans surtaxe. C'est à la dépense qu'il faut s'attaquer pour la réduire s'il se peut. Or, quels sont ceux des éléments du prix de revient sur lesquels il est permis de penser que le système commercial des colonies peut avoir une certaine influence?

Les principaux éléments de tout prix de revient industriel ou agricole sont, après le prix de la matière première, dont il n'y a pas à s'occuper ici, celui de la main-d'œuvre, celui des instruments de travail et les frais de transport au marché.

Aux colonies, il est manifeste que le prix de la main-d'œuvre est aggravé, ainsi que celui des instruments de travail, par l'extrême cherté des denrées alimentaires, des matériaux de construction, des machines, de l'outillage, de tous les objets enfin de la vie usuelle et de la vie industrielle.

On lit dans un écrit sérieux, publié sur la question coloniale, les différences de prix suivantes à la Guadeloupe et dans les colonies anglaises les plus voisines, dans les derniers mois de 1859, pour un certain nombre d'objets de grande consommation.

Relevé des prix courants de la Guadeloupe, comparés à ceux des colonies anglaises les plus voisines, dans les derniers mois de 1859[1].

Produits.	Prix de la Guadeloupe.	Prix des colonies anglaises.			
Farine (le baril)...........	54 fr.	32 f.	30 f.	29 f.	34 f.
Riz (les 75 kilog.)..........	33	24	22	25	»
Lard salé (le baril)........	112	39	94	»	»
Bois blanc (les 1000 kil.)..	145	86	99	100	110
Guano (en sac)..........	400	340	»	»	»
Charbon de terre (la tonne).	53	20	30	36	»

Un autre écrivain fort sérieux, et qui connaît bien les colonies[2], affirme que le prix de l'outillage en place est, aux colonies, le double de ce qu'il coûte dans la métropole; que le prix du noir animal est quadruple, et celui de la houille sextuple; que la journée d'un ouvrier mécanicien ou d'un ouvrier chaudronnier, qui vaut 5 fr. en France, se paye 25 fr. à la Guadeloupe.

En supposant que quelques-uns de ces chiffres soient contestables, bien qu'ils soient affirmés par des écrivains dignes de foi, ou que certaines différences de prix soient explicables par des différences de qualités, au moins est-il parfaitement certain, et on peut dire de notoriété publique, que tous les

1. M. Lepelletier de Saint-Remy, *Le libre échange colonial*, p. 7.
2. N. de Chazelles, *Étude sur le système colonial*, p. 265.

objets nécessaires à la vie, à l'habillement, aux constructions, et spécialement tous les agents de perfectionnement de la fabrication du sucre, sont dans les colonies françaises infiniment plus chers, non-seulement que dans la métropole, mais aussi que dans les colonies anglaises et espagnoles qui les avoisinent.

Il ne peut pas en être autrement, malgré les adoucissements ou les suppressions de droits sur les marchandises étrangères de première nécessité, qui ont été accordés aux colonies depuis longtemps et particulièrement dans ces dernières années.

En effet, le commerce étranger n'est pas encouragé à porter aux colonies ses produits, parce qu'il ne peut pas prendre de retours. Il doit donc faire porter son bénéfice sur une seule opération, sur un seul fret.

De là le peu d'activité de l'importation étrangère aux colonies, qui ne fait pas une concurrence sérieuse à l'importation métropolitaine, qui se borne en général à compléter les approvisionnements fournis par celle-ci, et dans ces conditions ne peut pas faire baisser les prix.

De plus, comme les colonies ne peuvent pas payer les marchandises étrangères dont elles ont besoin avec des marchandises, ce qui est la loi élémentaire d'un commerce bien entendu et profitable aux deux parties; comme elles ne peuvent les payer qu'avec du numéraire qu'elles se procurent chèrement en France, indépendamment même de la crise relative au doublon qui a duré jusqu'à ces derniers temps[1], ou avec des remises sur la France dont il faut payer aussi la négociation à un taux plus ou moins élevé, — ce sont là des frais qui augmentent d'autant pour les colons le prix des marchandises étrangères.

Elles y restent chères, très-chères; c'est la conséquence forcée du système commercial qui régit les colonies.

Le fret, cet autre élément essentiel du prix de revient de la marchandise arrivée au marché, est également fort cher pour les transports des colonies à la métropole; et cela ne tient pas seulement à ce que notre marine, comme on le dit sans cesse, ne peut pas naviguer à aussi bon compte que la marine étrangère, cela tient tout simplement au défaut de con-

1. Voy. pour la crise relative au doublon le rapport de M. de Cafarelli sur la loi des céréales et des riz aux colonies. — Session 1860, p. 28 et suiv.

currence qui se fait sentir de plus en plus dans les ports de nos colonies. Il y a défaut de concurrence, non pas seulement parce que la marine étrangère n'est pas admise aux transports des colonies à la métropole, mais aussi parce que la marine française, attirée par les avantages que lui offrent les relations nouvelles qui se sont ouvertes avec la Californie, l'Australie, les îles à guano, la Chine et l'Indo-Chine, déserte les ports de nos colonies. Il y a un an, M. le ministre de l'Algérie et des colonies était obligé d'adresser au commerce de nos ports une circulaire pour le presser de diriger ses armements sur la Guadeloupe qui commençait sa récolte devant une rade dégarnie, et les derniers journaux des Antilles nous apprennent qu'à la Martinique et à la Guadeloupe, au plus fort de la récolte, pendant que les sucres abondent et arrivent de tous les points du territoire, les navires français manquent presque absolument; que la rade de Saint-Pierre en compte huit à peine, celle de la Pointe-à-Pitre deux ou trois seulement[1].

Il ne faut donc pas s'étonner si, comme nous l'apprend un écrit que nous avons déjà cité[2], le fret des Antilles, qui de 1831 à 1848, c'est-à-dire dans un espace de seize ans, n'avait atteint qu'une seule fois le prix de 100 fr. le tonneau, ne serait descendu, de 1854 à 1860, qu'une fois au-dessous de ce chiffre, en 1857, et l'aurait parfois dépassé.

Il ne faut pas s'étonner non plus si, comme nous l'avons lu dans un journal tout récent de l'île Maurice[3], tandis que les navires français ont à peine obtenu dans cette colonie une moyenne de 70 fr. de fret par tonneau pour les ports de France, le cours moyen à la Réunion aurait été, à la même époque, de 90 et 100 fr. pour les mêmes ports.

En résumé, les colonies produisent beaucoup; tout autant, et la Réunion beaucoup plus, qu'avant l'affranchissement. Mais elles ne sont pas pour cela dans un état de prospérité, loin de là. Elles sont grevées d'une dette considérable qui s'accroît d'année en année par plusieurs causes, et notamment par suite d'un excédant normal et habituel du montant des valeurs importées sur les

---

1. *Les Antilles*, journal de la Martinique, n° du 23 avril 1861. *L'Avenir*, journal de la Guadeloupe, n° du 25 avril 1861.
2. M. Lepelletier de Saint-Remy, *Le libre échange colonial*, p. 5.
3. *Le Cernéen*, journal de Maurice, n° du 4 avril 1861.

valeurs exportées, en d'autres termes, par suite d'un excédant permanent des dépenses sur les recettes.

Le prix qu'elles trouvent pour leurs produits sur le marché métropolitain n'est donc pas rémunérateur. Il ne leur permet pas d'éteindre l'arriéré, encore moins de faire les dépenses fort considérables qu'exigeraient l'agrandissement, le renouvellement ou l'amélioration de leurs moyens de fabrication, qui ne sont pas au niveau des progrès de la fabrication chez leurs concurrents.

Dans l'impuissance où elles sont de relever les prix de vente, ou d'obtenir de la métropole un chiffre de protection plus élevé, elles ne pourraient rendre le prix de vente plus rémunérateur qu'en réduisant le prix de revient de la fabrication, en le ramenant au taux où il est ailleurs.

Or, l'obstacle qui les paralyse, c'est que les éléments essentiels du prix de revient, savoir : la main-d'œuvre, les instruments du travail et les frais de transport sont aux colonies à un prix exorbitant, parce que les objets les plus nécessaires à la vie, les matériaux de construction, les machines, l'outillage sont infiniment plus chers là que dans les colonies voisines étrangères, et parce que les navires français, qui sont les seuls qu'elles puissent employer pour le transport de leurs produits, sont de plus en plus rares dans leurs ports.

Voilà d'une manière exacte la situation des colonies. Elle n'a que trop duré ; si elle se prolonge, nos colonies sont condamnées à une infériorité incurable, à l'égard de leurs concurrents, et à une ruine certaine.

IV

Que demandent donc les colonies pour remédier aux maux dont elles souffrent ?

Nous ne rappellerons que les réclamations récentes, celles qu'ont provoquées les dernières dispositions législatives sur les sucres.

Le conseil général de la Martinique, par une délibération du mois de décembre 1860, demande que la colonie soit traitée comme un département français pour l'exportation comme pour l'importation.

La chambre de commerce de Saint-Pierre (Martinique), tout en se renfermant dans le cercle restreint d'une révision des tarifs d'importation, sur laquelle une dépêche ministérielle du mois d'août dernier avait demandé l'avis du commerce de la colonie, déclare « que le vœu du pays va bien au delà et tend à la liberté du commerce. »

Une pétition à l'Empereur, couverte d'un nombre considérable de signatures d'habitants de cette même colonie, demande « le droit d'exporter les sucres par tous pavillons et pour toutes destinations, et celui d'importer les marchandises de toute provenance par tous pavillons. »

A la Guadeloupe, on va plus loin. A deux reprises, dans sa session du mois de décembre 1859 et dans celle du mois de décembre 1860, le conseil général demande, pour la colonie, une liberté complète de commerce et de navigation, le droit pour la colonie d'exporter ses produits à toute destination et sous tous pavillons, sans droits de douane à la sortie, le droit d'importer les marchandises qui lui sont nécessaires de toutes provenances et sous tous pavillons, sans autres droits de douane que ceux qu'il plaira à la colonie elle-même d'établir.

Les chambres de commerce de la Pointe-à-Pitre et de la Basse-Terre s'associent à ce vœu de liberté absolue, ainsi que la Société d'agriculture de la Pointe-à-Pitre, dont la pétition est couverte d'un très-grand nombre de signatures.

A la Réunion, où les souffrances sont moins vives, où l'introduction des travailleurs libres a été plus facile et plus nombreuse, où il n'y a pas eu de crise monétaire, où la législation douanière est plus libérale, où les importations étrangères sont moins restreintes, où l'interdiction d'exporter les produits de la colonie est moins absolue, les organes officiels sont beaucoup plus réservés.

Toutefois, la chambre d'agriculture de cette colonie qui, en 1852 et en 1858, se bornait à demander la faculté d'exporter les produits de la colonie à l'étranger, mais par bâtiments français seulement, et pour l'importation une révision plus libérale des tarifs, demande, au mois de janvier 1861, « le droit d'exporter les produits de la colonie pour tous pays et d'importer les marchandises de toute provenance sous tous pavillons. »

Quant au conseil général, il s'abstient quant à présent, et ajourne à sa session prochaine l'examen de la question de la liberté commerciale des colonies, pour laquelle un de ses membres lui proposait d'émettre un vœu.

Mais il est un autre intérêt que celui des colonies engagé dans la question : c'est celui de notre commerce maritime, c'est-à-dire de notre navigation, dont la conservation importe à un si haut degré à la puissance même de la France. Les organes naturels de cet intérêt ont dû être appelés à donner leur avis; les chambres de commerce de nos principaux ports, de ceux qui se livrent le plus à la navigation au long cours et à l'intercourse avec les colonies, ont reçu communication des pétitions adressées de la Martinique et de la Guadeloupe à l'Empereur pour demander la modification radicale du régime douanier des colonies[1].

Toutes les chambres consultées, à l'exception d'une seule, sont favorables, plus ou moins, à la pensée de l'émancipation commerciale des colonies; les unes l'acceptent résolûment, et parmi elles on peut nommer celles de Marseille et de Bordeaux, qui ne considèrent nullement que la navigation française doive en être compromise; les autres font certaines restrictions, réclament certains tempéraments ou atermoiements; mais toutes reconnaissent qu'il n'est plus possible de maintenir les dispositions du pacte colonial à la charge des colonies, quand les dispositions à leur profit n'existent plus. Une seule, comme nous l'avons dit, celle de Dunkerque, repousse l'émancipation coloniale, mais sous la condition du rétablissement du pacte dans son intégrité, dans ses obligations réciproques anciennes, c'est-à-dire d'un retour au passé véritablement impossible.

Enfin, dans le sein même du Corps législatif, le Gouvernement a trouvé de pressantes instances pour hâter les réformes que réclament les colonies.

Dans la dernière session, la commission du Corps législatif qui était saisie de l'examen du projet de loi relatif au tarif des céréales et des riz aux Antilles et à la Réunion, après avoir proposé à la chambre l'adoption du projet de loi,

1. Les chambres de commerce qui ont été consultées sont celles de Bayonne, Bordeaux, Cherbourg, Dieppe, Dunkerque, Fécamp, Granville, La Rochelle, Le Havre, Marseille, Montpellier, Nantes, Rochefort et Saint-Malo.

exprimait dans son rapport la crainte que « le progrès
« sérieux réalisé par le projet n'aggravât encore pour les co-
« lonies une situation déjà difficile et compliquée, si on s'in-
« terdisait un pas de plus. »

Cette commission émettait l'opinion qu'il fallait « compléter le circuit du courant commercial...., cesser de tenir les
colonies dans une condition d'infériorité pour l'acquittement
de leurs achats.,.. leur permettre de donner leurs sucres en
payement de ces achats,... enfin leur laisser prendre leur
essor et les émanciper commercialement. » Elle terminait en
disant : « A nos yeux, tout est grave, tout est urgent dans les
questions que nous avons soulevées, et nous prions instam-
ment le Gouvernement de les mettre à l'étude sans le moindre retard[1]. »

Pressé par les réclamations de plus en plus nombreuses et
vives des colonies et de leurs organes officiels, ainsi que par
les manifestations de la presse coloniale, encouragé par l'assentiment des chambres de commerce de la métropole les
plus compétentes et les plus autorisées, excité par les vœux
sortis du sein du Corps législatif lui-même, le Gouvernement
de l'Empereur n'a pas cru qu'il fût possible de refuser plus
longtemps à nos établissements coloniaux l'accès de la voie
libérale et féconde ouverte à la France ; il a pensé que la
question de la réforme du régime colonial, étudiée déjà depuis longtemps par l'administration, notamment en 1853 et
en 1859, était arrivée à maturité ; il a fait préparer, et le conseil d'État a adopté un projet de loi qui a pour but, tout en
conservant à notre commerce maritime une protection dont
il a encore besoin, de donner satisfaction aux intérêts
coloniaux et de les affranchir des entraves dont ils se plai-
gnent.

Voici les dispositions essentielles qu'il contient :

1° Liberté d'importer par tous pavillons toutes les marchandises étrangères admises en France aux mêmes droits qu'en
France (art. 1, 2, 3) ;

2° Liberté d'exporter les produits coloniaux à l'étranger
sous tous pavillons (art. 7) ;

3° Liberté de se servir de la navigation étrangère, concur-
remment avec la navigation française, pour les échanges des

1. Rapport de M. le comte de Cafarelli sur la loi des céréales et des riz
aux colonies. — Session 1860, p. 18, 24 et 27.

colonies à la métropole, de la métropole aux colonies, ou d'une colonie à une autre colonie située en dehors des limites assignées au cabotage (art. 6);

4° Surtaxe de 30 fr., 20 fr. et 10 fr. par tonneau d'affrétement, suivant la distance, pour tous les transports par navires étrangers de l'étranger aux colonies, de la métropole aux colonies, des colonies à la métropole ou de colonie à colonie (art. 3 et 6);

5° Réserve du pavillon français pour les transports de colonie à colonie située dans les limites du cabotage (art. 7).

V

Le régime nouveau qui serait donné aux colonies par le projet de loi dont nous venons de préciser les dispositions essentielles, donnerait, ce semble, aux intérêts coloniaux aussi complète satisfaction qu'il est possible de le faire. Ce n'est pas de son côté sans doute qu'il faut s'attendre aux objections. La prétention de la Guadeloupe d'être mieux traitée que la France elle-même, d'être affranchie de tout droit à l'importation des marchandises étrangères, de ne subir aucune surtaxe de navigation pour les transports par navires étrangers des colonies à la métropole, se condamne par son exagération même. Il n'y a pas lieu de discuter cette interprétation; l'émancipation des colonies ne peut pas être la séparation.

Le nouveau régime doit avoir, il faut l'espérer, pour les colonies ce résultat, qu'en établissant une concurrence efficace entre l'importation métropolitaine et l'importation étrangère d'une part, de l'autre entre la navigation française et la navigation étrangère, il abaissera le prix, sur le marché des colonies, des subsistances, des matériaux de construction, des machines, des instruments de fabrication, ainsi que le prix du fret pour le transport des produits coloniaux à la métropole; d'où une amélioration sérieuse des prix de revient et sur les frais de fabrication et sur les frais de transport.

Le nouveau régime permettra également aux colonies de choisir pour leurs produits le marché qui leur sera le plus avantageux, et enfin de développer leur production en raison des nouveaux débouchés qui leur seront ouverts.

Le changement de régime ne peut pas, à lui tout seul, cela est évident, changer la situation des colonies d'un jour à l'autre; mais il est évident aussi qu'il doit notablement améliorer pour elles les chances de la concurrence qu'elles ont à subir des sucres étrangers aussi bien que des sucres indigènes, et qu'avec le temps et des efforts il contribuera sérieusement à rétablir leur prospérité.

Mais la question a une double face, et il ne faut pas se dissimuler que, si on donne satisfaction par le projet de loi aux intérêt coloniaux, on est exposé à froisser les intérêts métropolitains, et, de ce côté, le projet peut rencontrer d'assez vives objections, bien que ceux qui les font reconnaissent qu'au point où l'on est arrivé, il n'est plus possible, sans manquer absolument à la justice, de repousser les réclamations des colonies.

Trois principales objections sont donc faites, ou peuvent être faites, au nouveau régime, au nom des intérêts de la métropole.

1° On peut craindre que notre industrie et notre agriculture ne courent le risque d'être dépossédées d'un débouché pour leurs produits, qui ne laisse pas que d'avoir une certaine importance. On évalue à 100 millions les valeurs exportées de France aux colonies. Pour les trois colonies qui font l'objet du projet de loi, elles se sont élevées à 71 570 000 fr. (valeurs réelles) en 1858, à 62 294 000 fr. en 1859.

L'Amérique, dit-on, favorisée par le voisinage, y versera ses produits et particulièrement ses produits naturels.

L'Angleterre étant, aux termes des articles additionnels du traité de navigation de 1826, exempte de la surtaxe de navigation pour l'importation de ses produits dans nos colonies, la protection que le traité de commerce, fait avec elle en 1860, a entendu conserver à notre industrie, et qu'il a réduite à ses plus étroites limites, sera affaiblie de toute la différence qui existe entre notre fret et le fret anglais, plus économique que le nôtre. N'y a-t-il pas là un avantage pour l'industrie anglaise de nature à lui permettre de déposséder la nôtre sur le marché des colonies?

2° Notre navigation elle-même n'aura-t-elle pas à souffrir un grave dommage de la concurrence que lui fera assurément la navigation étrangère, dont tout le monde reconnaît la supériorité sur la nôtre au point de vue du bon marché du fret, et particulièrement la navigation anglaise qui, pour les transports directs du Royaume-Uni ou de ses colonies aux nôtres, jouit du traitement national?

La navigation au long cours avec les colonies autres que l'Algérie et Saint-Pierre Miquelon représente pour 1859 un tonnage de 264 776 tonneaux; elle occupe 924 navires et 12 209 hommes d'équipage. Restreinte aux trois colonies à sucre qui font l'objet du projet de loi, voici les chiffres qui donnent la mesure de son importance dans les trois dernières années :

	navires.	tonneaux.	hommes d'équipage.
1857.............	671	206 200	9 600
1858.............	742	220 800	10 500
1859.............	649	199 300	8 900

Une navigation aussi importante ne peut être compromise sans que du même coup soit atteinte la puissance navale de la France, qui a un si grand intérêt à la conservation et au développement de notre marine marchande.

3° Enfin, dit-on, si les colonies peuvent exporter leurs sucres à l'étranger par tous pavillons, sans droits de sortie et sans surtaxe de navigation, il est à craindre que les sucres coloniaux ne désertent le marché de la métropole par une double raison : d'abord parce que les colonies donneront leurs sucres en contre-échange des marchandises étrangères qu'elles recevront; ensuite, parce que les législations d'Amérique et d'Angleterre, par les taxes différentielles auxquelles elles assujettissent les sucres en raison de leur degré de pureté, étant plus favorables que la nôtre aux sucres de qualité inférieure, les colonies françaises, qui ne produisent guère que des sucres de cette dernière sorte, auront intérêt à rechercher le marché anglais et le marché américain plutôt que le nôtre. Ce déplacement du marché des sucres coloniaux, désavantageux à notre commerce, désavantageux à notre navigation, aura de plus pour conséquence de compromettre le développement de la consommation du sucre en France, sur lequel on a expressément compté, lorsqu'on a fait la loi du 23 mai 1860, et qui en a été en quelque sorte la condition.

Si telles devaient être les conséquences du régime nouveau proposé pour les colonies, si notre industrie et notre commerce maritime devaient en être sérieusement atteints, si

3

notre puissance navale pouvait en recevoir un dommage, si les sucres coloniaux devaient désormais déserter le marché de la métropole, ne serait-on pas tenté au moins d'attendre et d'essayer de nouveaux palliatifs?

Mais la situation des colonies accuse les souffrances les plus vives; elle présente les périls les plus urgents; un devoir de stricte justice ne permet plus à la France, qui a supprimé pour les colonies les principaux bénéfices du pacte colonial, de continuer à leur en imposer les charges, et enfin nous espérons pouvoir démontrer que les objections faites, et en apparence si fortes, contre les réformes proposées, n'ont pas au fond une bien sérieuse réalité.

Nous demandons la permission de dégager d'abord la discussion de la dernière des trois objections sur lesquelles nous avons cru devoir appeler l'attention du Corps législatif, parce que, malgré l'autorité de la chambre de commerce du Havre, qui l'a présentée, elle est, à notre avis, la moins grave, et que peu de mots suffisent pour l'écarter.

S'il était vrai que la législation douanière de l'Amérique et de l'Angleterre dût, par comparaison avec la nôtre, détourner les sucres de nos colonies, elle aurait apparemment pour les sucres étrangers le même attrait, et dès à présent les sucres étrangers, trouvant plus d'avantages sur les marchés d'Amérique et d'Angleterre que sur le nôtre, déserteraient le marché français. Or, rien de pareil n'arrive. Les arrivages de sucres étrangers ne paraissent pas avoir diminué depuis la loi du 23 mai 1860, comme le prouve la comparaison des importations de sucre étranger pendant les trois premiers mois de chacune des années 1858, 1859, 1860 et 1861 :

1858	108 328 quintaux métr.
1859	110 803 id. id.
1860	137 051 id. id.
1861	135 286 id. id.

D'ailleurs, si nous avons bien compris l'objection de la chambre de commerce du Havre, elle serait moins applicable à la situation qui suivrait immédiatement l'adoption du projet de loi qu'à celle où l'on se trouvera au moment où le sucre des colonies cessera de jouir de la détaxe de 3 fr. qui le protége encore un peu contre le sucre étranger et qui doit durer jusqu'au 30 juin 1866. S'il en est ainsi, si le danger prévu n'est pas né, on pensera sans doute qu'il n'y a lieu de s'en préoccuper que pour observer attentivement les faits et juger par l'expérience s'il est nécessaire de proroger la disposition relative à la détaxe de 3 fr. au delà du terme fixé par la loi du 23 mai 1860.

Enfin, si nous établissons tout à l'heure, comme nous allons essayer de le faire, qu'il n'est nullement à croire que les colonies cessent de demander à la métropole la partie principale de leurs approvisionnements, comme elles ne peuvent pas avoir intérêt à les payer autrement qu'en produits de leur cru, nous aurons démontré par cela même que les sucres coloniaux continueront à être transportés en très-notable partie sur notre marché.

Nous ne croyons pas avoir à insister davantage sur ce point.

Et maintenant venons à l'objection principale, l'intérêt de notre industrie et de notre navigation.

1° L'industrie et l'agriculture française sont-elles menacées de perdre le débouché qu'elles ont trouvé jusqu'ici aux colonies ? Voilà la première question soulevée par l'objection.

Il faut avant tout réduire à sa proportion exacte l'importance des exportations de la métropole aux trois colonies qui nous occupent. La valeur des exportations de France aux Antilles et à la Réunion n'a pas dépassé 72 000 000 de francs. C'est assurément un chiffre élevé ; mais, relativement à la somme totale de nos exportations, qui atteint aujourd'hui 2 300 000 000 fr., il n'en représente en définitive que 3/13 pour 100, pas davantage.

Quant à cet argument qui consiste à dire que notre industrie cessera d'être protégée sur le marché des colonies contre l'industrie anglaise, parce que la navigation anglaise est plus économique que la nôtre, il faut également le réduire à sa juste valeur.

On suppose que les produits anglais auront sur les nôtres un avantage proportionné à la différence qui existe entre le fret anglais et le fret français, lequel atténuera d'autant le droit protecteur.

Quelle est donc cette différence ? Quand elle existe, ce qui n'est pas toujours, quoi qu'on en dise, elle n'excède pas 20 à 30 francs par tonneau, 2 à 3 fr. par 100 kil.

Eh bien ! qu'est-ce que c'est que cette différence de 2 à 3 fr. par 100 kil. sur les produits fabriqués que reçoivent les colonies, dont la valeur par 100 kil. peut aller jusqu'à 23 300 fr., prix des tissus de soie brochés, et est en moyenne de 300 fr., d'après le relevé des valeurs françaises importées aux colonies en 1859.

Cette différence représente donc en définitive, en moyenne, moins de 1 pour 100 de la valeur des produits fabriqués. Est-ce là une atténuation telle de la protection accordée à notre industrie qu'il faille regarder comme détruite aux colonies l'économie de nos tarifs? Et n'a-t-on pas le droit de penser que, nonobstant le défaut de surtaxe de navigation sur les navires anglais, nonobstant la différence entre le fret français et le fret anglais, notre industrie se trouvera aux colonies, relativement à l'industrie anglaise, dans des conditions qui ne s'éloigneront pas sensiblement de celles où elle est placée en France.

Il ne faut pas perdre de vue que les habitudes prises, les relations établies et les affinités de race ont une très-grande puissance pour maintenir par elles seules, nonobstant la rupture des anciens pactes coloniaux entre les métropoles et les colonies qui en sont sorties, le courant des affaires commerciales.

A cet égard, les faits abondent et sont pleins d'enseignements.

L'année dernière, la Chambre a pu constater, à l'occasion de la loi sur les céréales aux Antilles et à la Réunion, que les farines françaises avaient repris le chemin des colonies, dès que les circonstances extraordinaires qui les en avaient détournées pendant une série d'années de disette avaient cessé, et cela malgré la législation temporaire qui avait ouvert le marché colonial aux provenances étrangères sans droits et sans surtaxe.

Les relations commerciales des États-Unis du nord de l'Amérique avec l'Angleterre ont survécu à la proclamation de leur indépendance et à la guerre acharnée qui l'a suivie, et personne n'ignore que le mouvement commercial qui existe entre les deux nations est relativement beaucoup plus élevé que celui qui existait entre l'ancienne métropole et l'ancienne colonie.

Si cet exemple ne paraissait pas concluant, à cause de la puissance commerciale de l'Angleterre, en voici un autre qui se présente dans des conditions fort différentes et qu'on ne pourra pas récuser.

Non-seulement les colonies espagnoles de Cuba et Porto-Rico, qui ont la franchise commerciale depuis un grand nombre d'années, ont conservé et développé leurs rapports de commerce avec leur métropole, mais ces rapports subsistent très-actifs et très-vivaces entre l'Espagne et ses anciennes possessions d'Amérique, aujourd'hui nations indépendantes. Les provinces basques et les Asturies conservent un mouvement commercial suivi avec le Chili, le Pérou, la Colombie, l'Équateur, la Nouvelle-Grenade, l'Amérique centrale et le Mexique.

Les produits des provinces Basques, notamment les fers, les vins, diverses denrées agricoles, divers produits manufacturés continuent à avoir, dans les anciennes possessions espagnoles du continent américain, une préférence marquée sur beaucoup de produits analogues des autres pays. Et cependant les rapports commerciaux entre l'Espagne et ces pays ont été longtemps interrompus par la guerre. Personne d'ailleurs n'ignore que l'agriculture et l'industrie des provinces basques n'ont pas fait à beaucoup près, depuis le commencement de ce siècle, des progrès comparables à ceux qui ont été faits en France, et que l'Espagne ne saurait à aucun titre se comparer à la France pour la puissance d'exportation.

Un dernier exemple mérite également d'être cité et n'est pas moins frappant.

La France a possédé l'Ile-de-France, aujourd'hui Maurice, pendant cent ans à peine, de 1713 à 1810. A cette dernière époque, toute relation commerciale fut rompue entre cette colonie et la France par le pacte colonial anglais. Eh bien! depuis que l'Angleterre a donné la liberté commerciale à ses colonies, en 1849, les relations de commerce se sont tout naturellement rétablies entre la France et Maurice, et le mouvement va sans cesse croissant. Les statistiques anglaises nous apprennent qu'en 1858, sur un total de valeurs importées à Maurice s'élevant à 2 785 353 liv. st., les importations venant de France ou des possessions françaises ont atteint la proportion de 1/6 à 1/5, soit 488 719 liv. st., dont 344 535 de France même.

Il n'y a aucune raison de penser que ce qui a eu lieu partout et pour toutes les colonies ne se reproduira pas pour les nôtres, et que le mouvement commercial entre les métropoles et les colonies d'où elles sont sorties, qui partout a survécu à la rupture des pactes coloniaux et même à la séparation complète, ne survivra pas entre la France et ses colonies après leur affranchissement commercial. La communauté de race et les affinités qui s'y rattachent ne peuvent pas ne pas avoir ici la même influence qu'elles ont eue dans tous les cas que nous venons de citer, et auxquels beaucoup d'autres pourraient être ajoutés.

2° Les considérations et les exemples qui précèdent s'appliquent avec la même autorité à la question de la navigation ; si nous avons établi qu'il n'est point à craindre que la liberté du commerce donnée aux colonies porte une atteinte sérieuse au débouché que notre industrie et notre agriculture y ont trouvé jusqu'ici, par cela même nous avons démontré que notre navigation n'en souffrira aucun dommage.

Mais il convient de confirmer cette démonstration par quelques faits et quelques considérations d'une application spéciale à la navigation.

On répète sans cesse que notre navigation ne saurait lutter avec la navigation étrangère. Cela est-il bien vrai ?

Nous avons dit qu'à Maurice, la liberté commerciale rendue à cette colonie avait immédiatement rétabli ses rapports commerciaux avec la France. Voici les chiffres que nous fournissent les statistiques anglaises au sujet de la navigation de Maurice. Sur 1631 navires entrés ou sortis en 1858, 483, soit plus du quart, étaient des vaisseaux français. Donc, sur ce point spécial, la marine française peut lutter sans désavantage avec la marine anglaise.

Nous avons dit aussi que, depuis quelques années, les ports de nos colonies voient souvent, à l'époque même des récoltes, les navires français manquer aux transports qu'elles auraient à leur confier ; et nous avons signalé, parmi les causes de cette désertion, le mouvement chaque jour plus prononcé qui porte notre marine marchande vers l'intercourse avec la Californie et l'Australie, les îles Chincha, la Chine et l'Indo-Chine. Elle déserte donc la navigation réservée pour la navigation de concurrence ; cela seul n'est-il pas la preuve qu'elle n'est pas aussi hors d'état de lutter contre la marine étrangère qu'on le prétend ?

Voici, du reste, sur ce point, des chiffres curieux qui démontrent les progrès relatifs de notre navigation de concurrence, et de l'emploi du pavillon national pour cette navigation.

Nous soumettrons à la Chambre des tableaux qui donnent, pour 1847, l'année qui a précédé l'affranchissement des noirs, et pour 1859, la dernière que fassent connaître les statistiques, les chiffres de la navigation au long cours réservée de la France avec ses colonies autres que l'Algérie et Saint-Pierre-Miquelon, et pour les mêmes années, ceux de notre navigation de concurrence avec l'étranger par navires français.

Il résulte de la comparaison des chiffres de ces deux années que, tandis qu'en 1847 la proportion de la navigation française réservée était, relativement à l'ensemble des deux navigations, dans la proportion suivante :

34 15 p. 100 pour le nombre de navires,

39 80 p. 100 pour le nombre de tonneaux,

25 20 p. 100 pour le nombre d'hommes employés,

cette proportion s'est trouvée réduite, en 1859, à :

26 27 p. 100 pour les navires,

28 65 p. 100 pour les tonneaux,

18 83 p. 100 pour les hommes.

D'autres tableaux, non moins significatifs, font ressortir, relativement à la navigation de concurrence elle-même, que de 1852 à 1859, en huit ans, tandis que l'emploi du pavillon étranger pour la navigation de concurrence s'est accru de 57 p. 100, l'emploi du pavillon national pour le même objet a augmenté de 97 p. 100.

Il y a donc tout à la fois progrès de notre navigation de concurrence relativement à la navigation réservée, et, dans la navigation de concurrence, progrès du pavillon national relativement au pavillon étranger.

L'honorable rapporteur, au Corps législatif, de la loi sur le tarif des céréales et des riz aux Antilles et à la Réunion, expliquait très-bien comment notre marine, en modifiant ses habitudes — nous allions dire la routine où le système de la navigation réservée a peut-être beaucoup contribué à la maintenir — et en substituant dans ses rapports avec les colonies l'intercourse indirecte à l'intercourse directe, peut y trouver des avantages qui lui permettraient parfaitement de lutter avec la marine étrangère. Nous demandons la permission d'emprunter à son rapport une courte citation :

« Serait-il donc impossible, après avoir porté, par exemple, des céréales, des vins, des charbons, des marchandises aux Antilles ou à Bourbon, de porter des sucres aux États-Unis, dans l'Inde ou en Australie, et d'en revenir avec des cotons ou des laines ? Perdrions-nous à payer ces denrées en

sucre plutôt qu'en numéraire? N'y aurait-il pas là de ces frets
encombrants qui nous font trop souvent défaut? De hardis
armateurs n'ont-ils pas déjà donné l'exemple, et, malgré les
difficultés résultant des restrictions de nos lois, n'ont-ils pas
effectué avec autant de succès que d'habileté de nombreux
voyages dans les mers de l'extrême Orient? »

Là est sans doute la solution du problème des progrès de
notre marine marchande, trop longtemps retardés peut-être
par le système colonial lui-même, qui comme toutes les tu-
telles trop prolongées, a pu, depuis un certain temps, nuire
plutôt que servir au développement des forces et de la har-
diesse de notre navigation. La chambre de commerce de
Marseille, dans son avis sur les réclamations des colonies,
déclare expressément, avec toute l'autorité qui lui appartient
dans une question de cette nature, qu'elle regarde le nouveau
régime proposé comme plus favorable à la marine française
que celui qu'il s'agit de détruire, et elle motive son opinion
par ces paroles remarquables :

« Le monde entier est le meilleur champ d'échange et de
fret; il vaut en somme, mieux que n'importe quel coin de
terre, quelque productif qu'il puisse être en soi. »

VI

De courtes explications doivent être données, en terminant,
sur quelques-uns des articles du projet.

Art. 2. — L'une des dispositions essentielles du régime
nouveau à donner aux colonies, comme nous l'avons dit déjà,
c'est que, pour l'importation des marchandises étrangères,
elles soient assimilées à la France et deviennent comme des
départements français, par conséquent qu'elles puissent recevoir toutes les marchandises qui sont admises en France,
et ne payer d'autres droits que ceux qui sont payés en France
même. Nous avons cherché à montrer que notre industrie
n'avait pas plus à redouter la concurrence étrangère aux colonies qu'en France.

Il a fallu toutefois prévoir une circonstance qui pourrait lui
devenir préjudiciable et la placer par le fait, sur le marché
colonial, dans une situation d'infériorité, très-contraire aux
intentions du législateur, à l'égard de l'industrie étrangère.

Le tarif de France contient des droits *ad valorem* dont l'application offre plus d'une difficulté et pourrait prêter à la fraude avec un service de douane qui ne serait pas suffisamment exercé.

Cette application a paru assez délicate en France, depuis le traité avec l'Angleterre, pour que le Gouvernement n'ait pas cru devoir s'en rapporter aux services locaux et se soit réservé la faculté de concentrer les vérifications à Paris. Les douanes coloniales, par leur composition restreinte et leur éloignement des centres de consommation, seraient évidemment peu habiles à faire application du tarif compliqué sur les tissus de coton ou des droits nombreux à la valeur. Les objets de manufacture étrangère pourraient donc, par des déclarations inexactes d'une vérification presque impossible, être importés aux colonies, moyennant des droits tout différents, par le fait, de ceux de France. On a pensé qu'il serait bon, pour éviter cet inconvénient fort sérieux, de convertir pour les colonies, en droits spécifiques, ceux des droits *ad valorem* du tarif de France dont l'application pourrait faire prévoir des difficultés. Nous vous demandons de déléguer au Gouvernement le droit de faire cette conversion par un décret rendu dans la forme des règlements d'administration publique, lequel, dans la session qui suivrait sa promulgation, serait soumis comme projet de loi au Corps législatif. Tel est l'objet du paragraphe 2 de l'article 2.

Il y a lieu de faire observer ici que l'assimilation des colonies à la France ne s'applique qu'aux droits de douane qui portent sur la marchandise. Quant aux taxes de navigation, qui portent sur le corps du bâtiment, la pensée de la loi n'est pas de changer ce qui a été fixé à cet égard par la législation actuelle des colonies. Aux Antilles, des droits égaux de tonnage sont applicables, soit aux navires français venant d'ailleurs que de France, soit aux navires étrangers ; à la Réunion, il y a exemption pour les navires nationaux venant d'ailleurs que des possessions britanniques (l'Inde et Maurice exceptés), et un droit de deux francs par tonneau sur les navires étrangers. Il ne paraît pas y avoir de raison suffisante pour enlever aux colonies le bénéfice de ces dispositions favorables à leur commerce.

Art. 3 et 9. — Les motifs qui ont déterminé le Gouvernement et le Conseil d'État à autoriser l'importation sous tous pavillons ont été suffisamment expliqués dans le cours de cet exposé. Ce serait n'accorder qu'une faveur nominale et apparente, sans résultat utile pour les colonies, que de subordonner les importations de marchandises étrangères à l'emploi exclusif du pavillon français; le commerce français seul en profiterait, et non pas les colonies, parce que le défaut de concurrence maintiendrait les prix actuels des objets d'importation.

Mais l'intérêt des colonies ne devait pas faire oublier celui de notre marine; et c'est en vue de lui conserver une protection dont elle a encore besoin, qu'une surtaxe de navigation est proposée pour les marchandises importées par navires étrangers.

Fallait-il appliquer purement et simplement aux colonies les surtaxes de navigation établies pour chaque espèce de marchandises par le tarif général de la France, comme on a proposé de le faire par l'article 2 pour les droits de douane? Cela n'était pas possible. Pour la métropole, les surtaxes ont été calculées en raison de la distance à parcourir, et par exemple les provenances de l'Inde sont soumises à une surtaxe plus élevée que lorsque le point de départ est dans des pays hors d'Europe plus voisins, ou dans des pays d'Europe. Si donc on appliquait aux colonies les surtaxes du tarif de France, une marchandise provenant de l'Inde payerait à la Réunion une surtaxe plus élevée que si elle avait été chargée en Europe; le résultat serait absolument contraire à la règle fondamentale des surtaxes de navigation, les surtaxes les plus élevées s'appliqueraient aux navigations les plus voisines.

Pour que les surtaxes soient appliquées aux colonies d'une manière rationelle, il faut donc qu'elles soient établies à l'inverse de celles qui sont fixées pour la France, et quelles soient calculées d'après les distances à parcourir par la navigation qui dessert les colonies. C'est ce qu'on a cherché à faire, dans le tableau de l'article 3, par les surtaxes échelonnées de 30 fr., 20 fr. et 10 fr., proportionnelles à l'éloignement des contrées d'où proviennent les importations.

L'unité choisie pour l'établissement de la surtaxe est le tonneau d'affrètement. C'est la manière la plus équitable de la fixer; car elle est ainsi en rapport exact avec le chargement du navire. Une surtaxe fixée par unité de poids et égale, quelle que soit la marchandise transportée, ne serait pas

équitable et ne remplirait pas son but; car elle serait plus
forte pour un navire transportant des marchandises pesantes
sous un petit volume, que pour un navire transportant des
marchandises d'un gros volume, mais d'un poids peu considérable. Elle atteindrait la marchandise et non pas la navigation. C'est ce qui fait que, dans les tarifs, les surtaxes de
navigation au poids varient par nature de marchandises. Il
était matériellement impossible de procéder ici par un tarif
détaillé, et dès lors il a paru plus simple et suffisamment
équitable de prendre pour unité applicable à toutes les
marchandises le tonneau d'affrètement, qui, comme on sait,
est proportionnel, pour chaque espèce de marchandises, à
l'emplacement qu'elle occupe sur le navire.

Toutefois, une difficulté se présente, c'est que la composition du tonneau d'affrètement est loin d'être partout la même
pour les mêmes espèces de marchandises. Non-seulement elle
varie de pays à pays, mais encore de port à port du même
pays. Ainsi, pour ne citer que quelques exemples, tandis
qu'au Havre on compte pour le coton 500 kilog. au tonneau
d'affrètement, on en compte 600 à Nantes et 400 seulement à
Bordeaux; pour le sucre raffiné, au Havre et à Nantes le tonneau d'affrètement est de 700 kilog.; à Bordeaux, il est de 600.
Sans un tableau déterminant à l'avance pour chaque espèce
de marchandises la composition réglementaire et uniforme
du tonneau d'affrètement, la taxe manquerait de la condition
essentielle de tout impôt; elle ne serait pas égale pour tous,
elle varierait d'après les ports. Nous vous proposons en conséquence, par l'article 9, de décider que la composition du
tonneau d'affrètement sera déterminée par un décret rendu
dans la forme d'un règlement d'administration publique. Il
sera facile, en consultant les ports, d'arriver à une détermi-
nation qui satisfasse tous les intérêts.

Art. 4. — Relativement aux marchandises aujourd'hui admises aux colonies, non-seulement en vertu de lois en vigueur,
mais encore d'après un certain nombre d'ordonnances et de
décrets ayant besoin de la sanction législative, et qui se trouveront ainsi virtuellement confirmés par la loi, l'article 4 propose de leur conserver le régime auquel elles sont actuellement
soumises pour les droits de douane comme pour les surtaxes
de pavillon, toutes les fois qu'il serait plus avantageux que
celui qui résultera de la loi nouvelle. Cette disposition est

d'accord avec les vues libérales qui ont dicté l'ensemble du projet. Établir une égalité absolue entre les tarifs de la métropole et des colonies, en supprimant les faveurs spéciales accordées de longue date à ces dernières, ne serait pas peut-être d'une justice bien exacte; ces faveurs spéciales ont eu leur raison d'être dans la situation spéciale des colonies; elles ne semblent pas cesser d'être motivées, même avec le régime nouveau qui leur serait accordé.

Il est inutile d'ajouter que les produits qui restent prohibés à titre absolu dans la métropole, et qui sont admis aux colonies d'après leur législation actuelle, comme le tabac en feuilles, le tabac fabriqué et les mouchoirs de coton de l'Inde, continueront aussi à jouir du bénéfice du régime dont elles sont en possession sous ce rapport.

Art. 5. — Les eaux-de-vie françaises, les seules admissibles, sont assujetties, à la Réunion, à un droit de douane de 50 fr. par hectolitre, qui a pour objet de protéger une industrie locale importante. Les eaux-de-vie étrangères ne payant à l'entrée en France que 25 fr. par hectolitre, il arriverait que les eaux-de-vie françaises, par l'effet de l'article 2 qui applique aux colonies le tarif de France, seraient soumises aux colonies à un droit double de celui que payeraient les eaux-de-vie étrangères. Pour conserver à la fois à l'industrie locale et à l'industrie métropolitaine la protection jugée nécessaire pour chacune d'elles par les tarifs existants, la logique exige que les deux droits soient cumulés.

Tel est l'objet de l'article 5, qui statue sur l'espèce par une disposition générale, afin que tous les cas particuliers de même nature qui pourraient se présenter dans l'avenir soient sous ce rapport réglementés d'avance.

Art. 6. — La faculté accordée par l'article 6 aux colonies, de se servir de la navigation étrangère pour tous les échanges entre les colonies et la métropole, est l'une des plus considérables du projet, celle qui caractérise particulièrement l'abandon de la navigation réservée. Nous croyons l'avoir suffisamment motivée en développant les considérations générales à l'appui du projet de loi. Mais nous devons appeler l'attention sur cette circonstance, que la surtaxe de pavillon, établie par cet article sur les produits à destination ou en provenance des colonies, lorsqu'ils sont transportés sous pavillon étranger, et fixée sur les mêmes bases que la surtaxe prévue par l'article 3, doit avoir ici toute son efficacité; il n'existe, en effet, aucun traité de navigation qui permette à une marine étrangère d'exciper du traitement national pour les transports des colonies à la métropole ou de la métropole aux colonies.

Art. 7. — Lorsque le principe de la navigation réservée est abandonné même pour les relations des colonies à la métropole, il ne peut pas être question d'imposer aux colonies l'emploi exclusif du pavillon national pour leurs envois à l'étranger. L'article 7 ouvre donc aux colonies un droit absolu d'exportation de leurs produits à toute destination et sous tous pavillons.

Quant aux droits à payer à la sortie, on n'a point pensé qu'il y eût rien à changer aux dispositions actuelles qui régissent les colonies à cet égard.

Aux Antilles, les denrées du cru des colonies sont exemptes de tous droits de douane à la sortie (loi du 29 avril 1845, art. 4). Elles payent seulement, pour tenir lieu de l'impôt foncier, un droit spécial de 4 pour 100 sur les sucres et les sirops, et de 3 pour 100 pour les tafias, d'après la valeur qui en est déterminée tous les 10 jours par une mercuriale (arrêté du 18 novembre 1856).

A la Réunion, les denrées et productions coloniales sont exemptes de tous droits de douane à la sortie par navires français; elles payent 2 fr. par 100 kilog. ou par hectolitre de liquide par navires étrangers (ordonnance du 18 octobre 1846, art. 5). Mais un droit colonial, destiné à remplacer la contribution foncière, fixé à 3 1/2 pour 100 de la valeur déterminée mensuellement d'après les mercuriales, est perçu à la sortie des denrées et productions de la colonie, dont le détail suit : sucre, café, girofle, muscade et maïs, coton, légumes secs, pommes de terre et oignons, miel, chocolat et sacs de vacoa (décret colonial du 7 décembre 1843 et arrêté local du 29 décembre 1848).

Le Corps législatif remarquera que les transports de colonie à colonie ne sont autorisés par pavillon étranger qu'autant que la colonie destinataire serait située, à l'égard de la colonie expéditrice, en dehors des limites assignées au cabotage, lesquelles sont fixées par des règlements, et notamment par l'ordonnance du 31 août 1828. La navigation entre colonies situées dans les mêmes mers ne pourra se faire que par pavillon français, conformément au principe, toujours en vigueur dans la métropole même, d'après lequel le cabotage est exclusivement réservé au pavillon national.

Indépendamment du motif de principe qui dicte cette restriction, des circonstances locales lui donnent un intérêt particulier.

Le métier de marin est un de ceux pour lesquels les anciens affranchis et leurs descendants éprouvent le moins de répugnance, à raison même de l'intermittence de son exercice. Il est important de ne pas contrarier cette tendance des affranchis, et même de la favoriser. Le moyen le plus assuré de développer cette pépinière coloniale de marins, est évidemment de maintenir sous le pavillon français la navigation locale, qui prendra d'autant plus d'extension que le transport intercolonial prendra plus de développement, par la suppression de la restriction qui s'opposait au transport, d'un établissement dans l'autre, des produits de leur sol respectif.

On comprend combien cette pépinière locale de marins peut être utile au renouvellement, au moins partiel, des équipages de nos bâtiments affectés aux stations lointaines, puisqu'elle fournirait à la marine des matelots moins exposés que les Européens aux affections morbides que développe le climat des colonies chez ceux qui n'y sont pas habitués.

Art. 8. — L'article 8 exempte de tous droits à l'importation en France les produits des colonies autres que le sucre, les mélasses non destinées à la distillerie, les confitures et fruits confits au sucre, le café et le cacao. Cette disposition, qui n'imposerait au Trésor qu'un sacrifice peu important (64 200 fr. en 1859), ne saurait, sous ce rapport, rencontrer d'objection sérieuse; elle peut contribuer à développer certaines cultures secondaires des colonies, auxquelles se livrent particulièrement les affranchis, ainsi qu'à maintenir les relations commerciales entre les colonies et la métropole.

Art. 10. — A quelle époque la loi qui établira un régime nouveau pour les colonies deviendra-t-elle exécutoire? C'est la dernière question que soulève le projet.

Plusieurs chambres de commerce ont demandé que, décrétée en principe, l'émancipation des colonies ne devienne une réalité, suivant les unes, que dans quelques mois, suivant les autres, que dans quelques années. Elles se fondent sur ce que les ports français seraient créanciers des colonies pour des sommes considérables; que c'est sur l'envoi obligatoire de leurs produits en France, que le commerce a compté pour les rentrées qui lui sont dues; qu'il est juste de lui laisser le temps de liquider les opérations commencées sous l'empire de la législation actuelle, et de ne pas lui enlever brusquement les garanties que lui accorde cette législation, et sans lesquelles il n'aurait pas fait les avances considérables dont il est à découvert. On ajoute qu'un délai est également nécessaire pour que le commerce ait le temps de remplacer par de nouvelles relations celles qui vont lui échapper.

S'il est vrai, comme nous n'en saurions douter, que le nouveau régime doive avoir pour résultat, avec le temps sans doute, de donner aux colonies les moyens de réparer leurs désastres, loin que leurs créanciers d'Europe soient fondés à réclamer contre une prompte réalisation du régime nouveau, il semble qu'ils aient au contraire intérêt à voir le plutôt possible leurs débiteurs entrer dans la voie qui doit leur fournir les moyens de se libérer.

Redoutent-ils la mauvaise foi de quelques-uns? il faudrait leur rappeler que les gens de mauvaise foi savent toujours trouver les moyens, quelle que soit la législation, de frauder les droits de leurs créanciers, et enfin qu'ils ont aujourd'hui contre leur débiteurs des armes très-énergiques, depuis que la loi d'expropriation a été rendue applicable à nos colonies, et qu'ils peuvent en faire usage, comme dans la métropole, pour contraindre leurs débiteurs à remplir les engagements qu'ils ont contractés.

Quant aux relations nouvelles à substituer aux relations anciennes, nous maintenons qu'une révolution entière, et du jour au lendemain, dans le courant commercial qui existe entre les colonies et la métropole, est absolument impossible, qu'il est contraire à la nature des choses et à l'intérêt de tous, même des colonies; mais de plus et en tous cas, depuis plusieurs mois déjà au moins, les ports de mer sont avertis que la question est posée, et depuis plusieurs mois ils ont reconnu eux-mêmes la nécessité d'une réforme radicale dans le régime commercial des colonies; ils ont donc dû se préparer aux changements que ce régime comporte pour leurs opérations.

Enfin, l'expérience de nos dernières réformes commerciales a mis en évidence les inconvénients qui résultent d'un ajournement trop prolongé des mesures économiques résolues légalement, et connues des intéressés trop longtemps avant la date de leur mise à exécution. La langueur des affaires, le ralentissement des transactions en sont les conséquences nécessaires.

Par ces diverses considérations, le Gouvernement et le conseil d'État ont pensé qu'il y aurait plus d'inconvénients que d'avantages à ajourner au delà du 1er septembre 1861, si la loi est votée dans le courant du mois de juin, la mise en vigueur du nouveau régime colonial. D'ici là le Gouvernement et les particuliers auront tout le temps nécessaire pour se préparer à l'exécution de la loi nouvelle.

Nous avons terminé, messieurs, ce trop long exposé des considérations générales et des raisons de détail qui motivent le projet de loi. Permettez-nous cependant une dernière réflexion.

Les colonies sont dans un état de souffrance incontestable. Le système commercial qui les régit, et qui pendant tant d'années a assuré leur prospérité en même temps que celle de notre commerce maritime, démantelé de toutes parts par le temps, sans qu'il soit possible, tout le monde le reconnaît, de le restaurer dans son intégrité première et dans ses conditions essentielles, en est venu à ce point, que non-seulement il ne garantit plus, mais qu'il compromet au moins les intérêts des colonies.

Quelle serait la conséquence inévitable du maintien du système colonial? La ruine des colonies, il n'en faut pas douter; combien voyons-nous de points commerciaux autrefois florissants, aujourd'hui presque abandonnés! Or, la ruine de nos colonies, c'est en même temps un dommage fort grave aux intérêts métropolitains qui se trouvent liés à la question coloniale.

Donc le maintien du système colonial est menaçant d'une manière beaucoup plus certaine pour notre industrie, pour notre commerce et pour notre marine, que ne peuvent l'être les éventualités les plus défavorables de la réforme proposée.

Dans cette situation, quel motif y aurait-il d'hésiter? à plus forte raison ne devrait-on pas reculer plus longtemps, si, comme le prouvent les exemples les plus nombreux et les plus concluants empruntés à l'histoire des colonies étrangères, cette réforme doit être pour les nôtres une source de richesse.

Supposez en effet que les colonies se relèvent grâce à la liberté commerciale, que dans votre justice vous ne voudrez pas leur refuser, et qu'y trouvant plus de puissance et de vie que ne leur en donna jamais la protection, elles réparent leurs ruines et recouvrent leur prospérité; supposez qu'au lieu de 100 millions de kilogrammes de sucre, elles en produisent 200, et à de meilleures conditions qu'aujourd'hui, ce qui n'est pas une espérance chimérique; alors il ne faut plus craindre que l'industrie et la navigation étrangères viennent en partage avec les vôtres de l'intercourse coloniale; car vous leur aurez donné les moyens d'étendre leurs rapports avec l'étranger, sans restreindre leurs relations traditionnelles et séculaires avec la métropole. N'oubliez pas, Messieurs, ce qui est arrivé à Maurice, où la liberté commerciale a produit le résultat le plus admirable et le plus consolant. En même temps que la marine étrangère, et particulièrement celle de France, entrait largement en partage de la navigation de la colonie, le mouvement maritime national anglais, avec sa colonie, s'augmentait dans des proportions considérables, et passait de 389 navires jaugeant 91 000 tonneaux, à 550 navires jaugeant 296 000 tonneaux.

Convaincu que les intérêts métropolitains n'ont rien à craindre de l'application aux colonies du régime commercial de la métropole avec ses libertés, mais aussi avec ses droits modérés et ses surtaxes de navigation, destinés à protéger notre industrie et notre marine; convaincu que l'acte de justice réclamé par les colonies ne peut être que profitable à la métropole elle-même, le conseil d'État n'a point hésité à vous proposer l'adoption du projet de loi ci-joint.

Signé à la minute.

DE PARIEU, Vice-Président du conseil d'État;
LÉON CORNUDET, conseiller d'État Rapporteur;
DE ROUJOUX, conseiller d'État;
DE BOUREUILLE, conseiller d'État;

(22 mai 1861.)

4

3° Projet de loi sur le régime des douanes aux colonies de la Martinique de la Guadeloupe et de la Réunion.

Art. 1er. — Toutes les marchandises étrangères, dont l'importation est autorisée en France, peuvent être importées dans les Colonies de la Martinique, de la Guadeloupe et de la Réunion.

Art. 2. — Les marchandises étrangères sont assujetties, à leur importation aux Colonies, aux mêmes droits de douane que ceux qui leur sont imposés à leur importation en France.

Toutefois, un décret rendu dans la forme des règlements d'administration publique, qui sera soumis au Corps législatif dans la session qui suivra sa promulgation, pourra convertir en droits spécifiques les droits *ad valorem* pour lesquels cette conversion sera jugée nécessaire.

Art. 3. — Les marchandises étrangères peuvent être importées aux Colonies sous tous pavillons.

Importés par des navires étrangers, elles sont soumises à une surtaxe de pavillon réglée ainsi qu'il suit, par tonneau d'affrètement :

Des pays d'Europe, ainsi que des pays non européens situés sur la Méditerranée.	A la Réunion...... 30 fr.	Aux Antilles...... 20
Des pays situés sur l'océan Atlantique, non compris la ville du Cap et son territoire.	A la Réunion...... 20 fr	Aux Antilles...... 10
Des pays situés sur le Grand Océan, y compris la ville du Cap et son territoire.	A la Réunion...... 10 fr.	Aux Antilles...... 20

Art. 4. — Les marchandises étrangères actuellement admises aux colonies continueront à être régies par les tarifs résultant des lois, ordonnances et décrets qui en ont autorisé l'importation, dans tous les cas où les droits de douane ou les surtaxes de pavillon, établis par les dispositions qui précèdent, seraient supérieurs à ceux qui ont été fixés par les tarifs existants.

Art. 5. — Les produits étrangers dont les similaires français sont soumis actuellement à un droit de douane à leur entrée aux colonies, acquittent le même droit augmenté de celui qui est fixé par le tarif de France.

Art. 6. — Les produits des colonies à destination de la France, et les produits de la France à destination des colonies, peuvent être transportés sous tous pavillons.

Lorsque les transports sont effectués sous pavillon étranger, il est perçu une surtaxe de trente francs, par tonneau d'affrétement, sur les produits à destination ou en provenance de la Réunion, de vingt francs sur les produits à destination ou en provenance de la Martinique et de la Guadeloupe.

ART. 7. — Les colonies peuvent exporter sous tous pavillons leurs produits, soit pour l'étranger, soit pour une autre colonie française, pourvu que cette colonie soit située en dehors des limites assignées au cabotage.

ART. 8. — Les produits des colonies, autres que le sucre, les mélasses non destinées à être converties en alcool, les confitures et fruits confits au sucre, le café et le cacao, importés en France par navires français, sont admis en franchise de droits de douane.

ART. 9. — La composition du tonneau d'affrétement sera déterminée par un décret rendu dans la forme des règlements d'administration publique.

ART. 10. — La présente loi sera exécutoire à partir du 1er septembre 1861.

Ce projet de loi a été délibéré et adopté par le conseil d'État dans sa séance du 22 mai 1861.

Le Ministre, Président du conseil d'État,
Signé : J. BAROCHE.

4° **Rapport fait au nom de la commission[1] chargée d'examiner le projet de loi relatif au régime des douanes aux colonies de la Martinique, de la Guadeloupe et de la Réunion, par M. Granier de Cassagnac, député au Corps législatif.**

Messieurs,

Le projet de loi qui vous est soumis sur les douanes de la Martinique, de la Guadeloupe et de la Réunion a pour objet

---

1. Cette commission est composée de MM. Canaple, président; le vicomte Reille, secrétaire; Le Mélorel de la Haichois, Granier de Cassagnac, Fleury (Anselme), le comte de Kergorlay, Rigaud, Ancel, Roy-Bry.
Les conseillers d'État, commissaires du Gouvernement, chargés de soutenir la discussion du projet de loi, sont MM. de Parieu, vice-président du Conseil d'État, Cornudet, de Roujoux et de Boureuille, conseillers d'État.

d'étendre à ces trois colonies le nouveau régime économique et commercial de la France, et son résultat sera de faire disparaître, dans nos trois plus importantes possessions d'outre-mer, l'ancien système prohibitif qui réglait leurs rapports avec la métropole, et qui portait le nom de *Pacte colonial*.

Le sénatus-consulte, promulgué le 3 mai 1854, place, dans son article 5, les trois colonies de la Martinique, de la Guadeloupe et de la Réunion sous un régime général commun, régime pouvant être modifié par voie législative; et il réserve, dans son article 18, toutes les autres colonies à l'empire des décrets.

La loi qui vous est soumise sur le régime douanier des colonies ne sera donc applicable qu'aux trois possessions que nous avons déjà nommées; toutes les autres, telles que la Guyane, le Sénégal et dépendances, les établissements de l'Océanie, des îles Saint-Pierre et Miquelon, Mayotte et dépendances, les établissements dans l'Inde et en Cochinchine, conserveront la situation douanière qu'elles ont en ce moment, situation toujours modifiable par voie de décrets, jusqu'à ce qu'il ait été statué à leur égard par un nouveau sénatus-consulte.

I

DU PACTE COLONIAL.

Il n'existe aucun corps de doctrine, formulé dans un édit, loi ou ordonnance, qui contienne l'ensemble des dispositions économiques ou commerciales constituant ce qu'on a appelé le *Pacte colonial*. Le régime qui porte ce nom et qui, après avoir présidé à la formation de nos colonies, a présidé à leur développement, résulte d'une longue suite de dispositions légales, édits, arrêts du conseil des dépêches, règlements royaux, qui se sont suivis pendant près de deux siècles, depuis la création de la première compagnie française d'Amérique sous le patronage et avec la participation du cardinal de Richelieu, le 31 octobre 1626, jusqu'à la Révolution. Les colonies étaient encore pourvues de nègres esclaves, avec une subvention de 4 millions sur le Trésor public, en 1789, Necker maintint cette dépense annuelle, en la réduisant à *deux millions*, dans sa déclaration financière du 23 juin. Elle disparut du budget le 10 août 1792.

L'ensemble des dispositions qui portaient le nom de *Pacte colonial* reposait sur trois principes liés entre eux, concourant au même but et qui étaient :

1° La réserve exclusive, au profit de l'agriculture, de l'industrie, du commerce et de la navigation de la métropole, du droit d'approvisionner les colonies de tous les objets quelconques qui pouvaient leur être nécessaires;

2° La réserve exclusive au profit des colonies d'approvisionner la métropole de toutes les denrées produites par leur sol, avec l'obligation d'employer les navires français pour les transports, et avec l'interdiction de porter ces denrées à l'étranger.

3° L'interdiction aux colonies d'élever leurs produits bruts à l'état de produits manufacturés, défense qui comprenait spécialement l'interdiction de raffiner les sucres.

Le but de ces dispositions législatives est facile à saisir. Il assurait à la France son approvisionnement en fait de denrées produites par le sol d'Asie, d'Afrique et d'Amérique, non-seulement sans exportation de numéraire, mais en assurant le placement d'une partie équivalente des produits de son industrie, et en favorisant par une navigation réservée le développement de sa marine marchande.

L'établissement des colonies était donc conçu au point de vue des forces productives de la France. Toutefois, dans cet ensemble d'opérations qui constituait leurs rapports, si l'intérêt spécial de la marine marchande était fortement favorisé, il ne l'était pas d'une manière exclusive, puisque la protection s'appliquait à un égal degré d'intensité à l'agriculture, à l'industrie et au commerce de la métropole. Si la marine transportait les marchandises, la propriété territoriale et les manufactures les produisaient; d'où il faut induire logiquement que, dans un remaniement général du système douanier des colonies, les priviléges spéciaux de la marine ne sauraient raisonnablement prétendre à rester seuls debout, au milieu du naufrage complet des autres monopoles établis par le pacte colonial.

L'application du pacte colonial eut, pendant deux siècles, les plus heureux effets sur le développement des forces productives, tant des établissements d'outre-mer que de la métropole. Il s'appliquait, à l'époque où il fut conçu et exécuté, à un vaste ensemble de possessions lointaines, comprenant le Canada, la Louisiane, Saint-Domingue, la Guadeloupe,

Saint-Martin, Marie-Galante, la Martinique, Sainte-Lucie, Tabago, la Guyane, Gorée, le Sénégal, Madagascar, Bourbon, l'Île de France et le gouvernement de Pondichéry. On ne saurait méconnaître que le pacte colonial eut pour résultat deux grands faits, qui lui survivront, et qui donnent la mesure de sa valeur comme conception politique.

Il introduisit et consolida, dans les contrées lointaines de l'Asie, de l'Afrique et de l'Amérique, l'influence morale de la France, et y assura des débouchés considérables à nos produits agricoles et manufacturés, non-seulement au sein des populations restées françaises, mais encore parmi celles qui, ayant été dépouillées de la nationalité par les chances de la guerre, ont conservé dans une forte mesure la langue, les goûts et les habitudes de la mère patrie.

Il créa le commerce d'armement entre la France et les pays d'outre-mer; il développa et fortifia, par les échanges, les entreprises industrielles; il ouvrit un théâtre relativement immense au travail des populations maritimes; il prépara enfin tous les éléments de ce commerce général extérieur qui, dans les premiers temps du pacte colonial, était l'exception, et qui, grâce aux progrès accomplis sous l'égide du pacte colonial, est devenu la règle pour la France comme pour toutes les autres nations maritimes.

En effet, les nations qui jouent un rôle important sur le théâtre des opérations militaires ont généralement commencé par un régime colonial semblable au nôtre. L'Espagne, l'Angleterre, la Hollande ont créé et développé leurs colonies à l'aide d'un système de monopole qui réservait à leur agriculture, à leur industrie, à leur commerce, à leur navigation, l'alimentation et l'exploitation de leurs établissements lointains; et ce système, puisé dans la nature des choses, a été partout suggéré par les mêmes nécessités, et a produit les mêmes résultats.

Le temps est venu où ce régime colonial, si nécessaire et si salutaire dans son principe, non-seulement ne porte plus les fruits qui l'avaient fait établir, mais constitue un obstacle au développement progressif des forces nationales. L'Espagne et l'Angleterre y ont renoncé depuis longtemps; la France en a déjà détruit quelques parties essentielles; et le défaut d'harmonie de ses débris en rend le maintien désormais impossible, au double point de vue de l'utilité et de l'équité.

II

ALTÉRATION DU PACTE COLONIAL.

La production du sucre de betteraves, due aux progrès de la chimie moderne, et son introduction sur le marché français, constituèrent la première infraction au pacte colonial.

Lente d'abord, cette production, que favorisaient d'incessants efforts, l'abondance des capitaux et une complète immunité d'impôts inonda finalement le marché, et y fit au sucre colonial une concurrence irrésistible. L'application graduelle au sucre de betteraves des droits imposés au sucre de cannes, édictée par la loi du 2 juillet 1843, rendit la lutte moins fatale aux colonies, sans y mettre un terme; car la production du sucre de betteraves, qui n'a cessé de progresser et de se consolider, a atteint en 1859 le chiffre de 102 millions de kilogrammes; tandis que l'exportation de la Martinique, de la Guadeloupe et de la Réunion, pour la même année, n'a été que de 93 millions de kilogrammes pour les trois colonies.

Frappé au cœur par la production du sucre de betteraves, dans la plus essentielle de ses conditions de réciprocité envers les colonies, le pacte colonial a été totalement renversé par la loi du 23 mai 1860, qui a ouvert le marché de la métropole aux sucres étrangers importés par navires français, sous la réserve d'une faible surtaxe de 3 francs par 100 kilogrammes, barrière assurément bien dérisoire pour sauvegarder le marché, et que le décret du 16 janvier 1861 a totalement supprimée.

Ainsi, sur ce marché métropolitain, que le pacte colonial avait promis de réserver exclusivement aux colonies, la loi du 2 juillet 1843 établit le sucre de betteraves sur un pied d'égalité qui est peu à peu devenue à peu près complète, car le sucre colonial n'est plus protégé contre le sucre de betteraves que par de faibles détaxes, destinées à disparaître prochainement. La détaxe de 3 francs, maintenue en faveur du sucre de la Martinique et de la Guadeloupe, doit cesser le 30 juin 1866. La détaxe de 3 francs, maintenue en faveur du sucre de la Réunion, sera réduite à 1 fr. 50 c. le 30 juin 1864, et totalement supprimée le 30 juin 1865.

Ainsi, l'égalité complète de conditions entre le sucre colonial et le sucre indigène, sur le marché de la métropole, sera réalisée le 30 juin 1865 pour la Réunion, et le 30 juin 1866 pour les Antilles.

L'égalité sur le même marché entre le sucre colonial et le sucre étranger était déjà ébauchée par la loi du 23 mai 1860; elle est totalement accomplie depuis le décret du 16 janvier 1861.

Le pacte colonial n'est donc plus qu'un mot; les lois qui ont ouvert le marché métropolitain au sucre indigène et au sucre étranger ont effacé du pacte la condition de réciprocité qui représentait, pour les colonies, l'équivalent de leurs obligations envers la France.

Est-il possible d'admettre que les colonies restent désormais soumises à l'obligation de porter leurs productions sur le marché de la métropole, lorsque celle-ci s'est déjà exonérée de l'obligation d'y assurer leur placement?

Est-il possible d'admettre que les colonies restent obligées de s'approvisionner en France, lorsque la France s'est dégagée de l'obligation de s'approvisionner aux colonies?

De telles questions sont résolues dès qu'elles sont posées. L'équité et le bon sens veulent qu'un contrat de réciprocité qui lie deux parties ne puisse pas subsister au détriment de l'une, lorsqu'il est rompu au bénéfice de l'autre.

La métropole l'avait déjà ainsi compris, en 1860, lorsque, par les lois du 24 juillet, elle autorisa la Martinique, la Guadeloupe et la Réunion à se pourvoir ailleurs qu'en France, même par pavillon étranger, des objets de consommation de première nécessité, tels que farines, riz et salaisons.

D'ailleurs, la situation faite aux colonies par la suppression de toutes les conditions du pacte colonial qui leur étaient favorables ne serait pas seulement injuste; elle deviendrait très-prochainement impossible à maintenir, car la ruine de nos établissements coloniaux serait la conséquence inévitable du maintien de la situation présente.

Indépendamment des faits qui imposent leur irrésistible logique, des juges compétents en cette matière ont prononcé. Les chambres de commerce des ports, consultées par le Gouvernement, ont unanimement déclaré que la situation faite aux colonies par la rupture partielle et partiale du pacte colonial était injuste et matériellement intolérable.

C'est en effet un témoignage à rendre aux habitants des colonies, qu'aucun reproche de découragement ou d'incurie ne saurait leur être adressé.

Ils ont eu à traverser successivement trois crises redoutables : l'émancipation des noirs, opérée sans transition et avec une indemnité insuffisante; une liquidation générale des propriétés, suite de l'application de la loi sur l'expropriation forcée; enfin, une sorte de reconstitution des ateliers devenus vides ou incomplets, en y introduisant des engagés nègres ou indiens. Les habitants des colonies ont traversé à leur honneur ces trois redoutables épreuves, car leur production moyenne a de nouveau atteint et même dépassé le niveau qu'elle avait avant l'émancipation.

Voici, en effet, le tableau comparatif de la valeur des exportations opérées par les trois colonies de la Martinique, de la Guadeloupe et de la Réunion, en produits de leur cru, pendant les cinq années qui précédèrent l'émancipation, et pendant les cinq dernières années qui ont précédé notre réforme douanière.

Années.	Martinique. fr.	Guadeloupe. fr.	Réunion. fr.
1843...............	11 669 656	12 492 255	14 530 181
1844...............	16 492 309	16 829 275	13 999 946
1845...............	15 665 296	16 396 232	14 776 671
1846...............	13 972 577	13 140 362	14 317 652
1847...............	15 248 963	18 701 696	11 492 031
Moyenne des 5 années..	14 609 360	15 511 964	13 823 000
1855...............	12 638 781	13 492 383	24 940 730
1856...............	17 312 647	14 495 127	28 224 912
1857...............	22 154 624	21 770 558	31 808 999
1858...............	15 937 419	15 024 054	26 959 625
1859...............	18 764 485	17 376 976	31 952 043
Moyenne des 5 années..	17 361 591	16 431 819	28 777 261

Le progrès est manifeste et important, puisque la valeur moyenne des exportations des denrées produites par le travail libre dépasse la valeur moyenne des exportations des denrées produites par le travail esclave, savoir :

Pour la Martinique, de...............	2 752 201 fr.
Pour la Guadeloupe, de...............	919 855
Pour la Réunion, de...............	14 954 261

Cependant, cette prospérité apparente couvre un appauvrissement réel; car le pacte colonial, maintenu, quant aux obligations de nos établissements d'outre-mer envers la métropole, impose à ces derniers des conditions commerciales onéreuses.

Leurs produits, vendus sur le marché français en concurrence des produits similaires étrangers et indigènes, y subissent une dépréciation fatale; et leurs approvisionnements importés du marché français, sans concurrence, et par une navigation réservée, supportent une exagération de prix permanente, résultant du double monopole du commerce et de la navigation.

Cet état de choses vient clairement du défaut d'équilibre entre les importations et les exportations des colonies. Voici, en effet, pour les trois colonies de la Martinique, de la Guadeloupe et de la Réunion, un tableau comparatif de leurs exportations et de leurs importations, pendant les douze années qui vont de 1848 à 1859 inclusivement.

MARTINIQUE.

Années.	Exportation.	Importation.
1848	9 208 554	14 153 733
1849	10 891 782	16 524 306
1850	9 737 676	17 930 076
1851	13 580 971	21 536 567
1852	14 594 544	25 625 695
1853	12 992 927	22 998 125
1854	15 762 542	23 797 638
1855	15 236 688	19 813 591
1856	20 186 613	23 823 540
1857	24 830 093	22 696 221
1858	18 341 794	27 779 133
1859	20 862 303	22 573 325
Moyenne des 12 années	15 685 540	21 605 154

Ce tableau prouve que, pendant douze années consécutives, depuis 1848, la Martinique a importé, en moyenne, pour 5 919 614 fr. de plus qu'elle n'a exporté.

GUADELOUPE.

Années.	Exportation.	Importation.
1848	8 873 539	11 980 481
1849	10 229 298	12 495 115

Années.	Exportation.	Importation.
1850.............	8 155 932	12 761 735
1851.............	11 885 027	17 595 014
1852.............	10 183 897	19 157 895
1853.............	9 600 728	17 686 068
1854.............	14 006 483	19 991 473
1855.............	15 147 176	18 214 983
1856.............	15 832 684	23 671 375
1857.............	23 319 277	22 470 671
1858.............	17 256 286	24 369 239
1859.............	19 070 428	20 632 877
Moyenne des 12 années....	13 630 063	18 417 327

Ce tableau montre que pendant douze années, de 1848 à 1859, les importations de la Guadeloupe ont dépassé, en moyenne, de 4 787 264 fr. la valeur des exportations.

RÉUNION.

Années.	Exportation.	Importation.
1848.............	9 107 507	10 569 375
1849.............	10 428 646	11 552 739
1850.............	11 936 256	15 715 284
1851.............	11 136 763	17 575 660
1852.............	13 939 032	20 910 489
1853.............	15 296 072	22 195 991
1854.............	18 057 113	26 798 891
1855.............	26 366 445	31 239 793
1856.............	29 677 084	28 309 904
1857.............	33 130 125	32 229 543
1858.............	28 872 681	42 342 266
1859.............	34 201 892	42 608 663
Moyenne des 12 années....	20 179 135	25 170 716

Il résulte de ce tableau que la colonie de la Réunion, pendant douze années, a exporté annuellement, en moyenne, pour 4 991 581 fr. de moins qu'elle n'a importé.

L'appauvrissement imposé aux colonies par le maintien inique de la partie du pacte colonial qui leur est défavorable est donc effrayant, et doit aboutir nécessairement, prochainement, à une ruine certaine, et dont il serait possible de calculer la date à l'avance.

En douze ans de travail libre, énergique, avec une reprise de culture qui a dépassé le niveau de la production du travail esclave, pour les trois colonies qui font l'objet de la loi actuelle, d'une valeur moyenne de 6 208 771 fr., les effets d'un monopole sans réciprocité ont été tels, que les trois colonies ont contracté une dette qui s'élève :

Pour la Martinique, à................. 71 035 368 fr.
Pour la Guadeloupe, à................. 57 457 168
Pour la Réunion, à. 59 898 972

Sans doute, une partie de cette dette a sa contre-valeur, dans chaque colonie, en matériel, en personnel, en fonds de roulement, en améliorations; et la dette ne constitue pas, dans sa totalité, une perte sèche; mais elle est le témoignage d'un découvert immense, impossible à continuer.

La conclusion à tirer de cet ensemble de faits est donc manifeste, et s'impose par son évidence : le régime actuel des colonies veut être immédiatement réformé.

Trois intérêts exigent une réforme impérieusement nécessaire et urgente : l'intérêt politique de la France, l'intérêt du commerce d'exportation et l'intérêt du commerce d'armement.

En très-peu d'années, l'accroissement régulier et permanent de la dette aurait complètement désorganisé et ruiné les colonies. Néanmoins, comme leur conservation est nécessaire à la métropole, dont elles servent le développement commercial en temps de paix, et l'action militaire en temps de guerre, leur entretien retomberait bientôt et entièrement à la charge du budget.

Les dépenses générales d'occupation militaire et de souveraineté supportées par la France, pour ses trois colonies principales, avaient été en 1859 :

Pour la Martinique, de................. 2 298 500 fr.
Pour la Guadeloupe, de................. 2 390 500
Pour la Réunion, de................. 1 415 600

Les travaux de fortification exécutés à la Martinique et à la Guadeloupe, et la construction du port de la Réunion, porteront les dépenses pour 1862 :

A la Martinique, à .... 2 404 600 fr.
A la Guadeloupe, à................. 2 719 460
A la Réunion, à.................. 2 047 190

La part contributive de la métropole dans la garde et le gouvernement des trois colonies qui nous occupent, s'élevait donc, en 1859, à 6 104 600 fr., et s'élèvera, en 1862, à 7 171 250 fr.; mais la part contributive des colonies à leur propre gouvernement est double.

Elle s'élève :

Pour la Martinique, à................	3 428 842ᶠ 95
Pour la Guadeloupe, à..............	3 623 830 01
Pour la Réunion, à................	6 958 607 04
Total de la contribution des colonies......	14 011 180 00

Cette situation est, en principe, conforme au régime qui rattache les colonies anglaises à leur métropole.

Toutes les colonies anglaises imposent en effet des sacrifices considérables au budget de la métropole. D'après les documents officiels, ces dépenses se sont élevées :

En 1853, à 3 845 018 livres sterling, soit à..	96 125 450 fr.
En 1854, à 4 446 201....................	111 655 025
En 1855, à 4 804 956....................	120 123 900
En 1856, à 4 877 957....................	121 948 925
En 1857, à 4 115 757....................	102 893 925
Soit en 5 ans à 22 109 889 livres sterl., ou à......	552 747 225

Les colonies les plus renommées et les plus propres contribuent à ces charges. Voici, établie en livres sterling, la part des principales dans le budget métropolitain :

	1853 liv. ster.	1854 liv. ster.	1855 liv. ster.	1856 liv. ster.	1857 liv. ster.
Cap de Bonne-Espérance...	602 227	608 499	629 809	1 106 970	682 015
Iles Ioniennes............	218 374	216 647	255 486	237 839	199 470
Maurice................	130 740	126 076	130 076	154 983	74 881
La Jamaïque............	181 164	172 355	166 827	152 082	193 711
Canada................	332 224	199 476	160 053	332 970	236 484
Australie................	»	»	»	»	309 600

Quelque inférieures que soient, même relativement, les charges que les colonies françaises imposent au budget de la métropole, la ruine certaine et prochaine qui serait le résultat du maintien du régime auquel elles sont actuellement soumises, amènerait des dépenses triples, qu'il est important de conjurer.

Nous avons dit que l'intérêt du commerce d'exportation et du commerce d'armement exigeait d'une manière non moins impérieuse le changement du régime colonial. En effet, l'accroissement régulier d'une dette qui a déjà atteint, pour les trois colonies, le chiffre total de 118 395 508 fr., ne saurait tarder à amener une catastrophe qui laisserait les créanciers sans gage, et les armateurs sans marché à l'aller et sans fret au retour.

Cette situation menaçante appelle donc un prompt remède; il faut l'appliquer, lorsqu'il est encore temps.

III

BUT ET MÉCANISME DE LA LOI.

La nature du remède à apporter à la situation des colonies devait naturellement être cherchée dans une étude de la nature du mal sous lequel elles succombent.

Ce mal vient de trois causes, concourant à produire le même effet, savoir :

L'obligation imposée aux colonies d'apporter tous leurs produits en France, où la concurrence en abaisse la valeur vénale;

L'obligation de tirer tous leurs objets de consommation de France, où l'absence de toute concurrence en surélève le prix;

Enfin l'obligation d'employer, soit pour l'exportation, soit pour l'importation, le pavillon français, ce qui rend le fret, sur le marché des colonies, irrégulier et cher.

Telle est la nature du mal, d'où découlait logiquement la nature du remède.

Il fallait évidemment, pour mettre un terme à une situation inique et intolérable, permettre aux colonies trois choses :

D'abord, d'exporter leurs produits en tout pays;

Ensuite, de recevoir leurs objets de consommation de toute provenance;

Enfin, de recourir à tout pavillon, soit pour leur commerce de vente, soit pour leur commerce d'achat;

Le tout, sous la réserve des principes généraux de protection qui régissent la France, à laquelle les colonies se trouveront désormais assimilées.

Tel est, en effet, le but que se propose d'atteindre le projet de loi soumis à l'examen de votre commission.

L'article 1er autorise l'importation à la Martinique, à la Guadeloupe et à la Réunion de toutes les marchandises dont l'importation est permise en France.

L'article 2 stipule que ces marchandises seront assujetties, dans ces colonies, aux mêmes droits de douane qui leur sont imposés en France.

L'article 3 admet tous les pavillons au commerce de nos colonies ; mais, faisant application des principes protecteurs qui couvrent les industries françaises, il impose, en faveur du pavillon national, une surtaxe au pavillon étranger, laquelle sera, par tonneau d'affrétement :

Des pays d'Europe, ainsi que des pays non européens situés sur la Méditerranée............................	A la Réunion de ..	30 fr.
	Aux Antilles de ...	20
Des pays situés sur l'océan Atlantique, non compris la ville du Cap et son territoire........................	A la Réunion de ...	20
	Aux Antilles de ...	10
Des pays situés sur le Grand Océan, y compris la ville du Cap et son territoire........................	A la Réunion de...	10
	Aux Antilles de...	20

L'article 4 maintient les tarifs actuellement existants sur toutes les marchandises étrangères déjà admises aux colonies, dans tous les cas où ces tarifs seraient inférieurs à ceux qui résulteront de la loi actuelle.

L'article 5 porte que les produits étrangers, dont les similaires français payent actuellement un droit de douane à leur entrée aux colonies, acquitteront le même droit, augmenté de celui qui est fixé par le tarif de France.

L'article 6 autorise l'exportation des produits des colonies en France, et des produits de la France aux colonies, par tous pavillons ; mais il soumet à une surtaxe de 30 francs, par tonneau d'affrétement, les produits à destination ou en provenance de la Réunion, et à une surtaxe de 20 francs les produits à destination ou en provenance de la Martinique et de la Guadeloupe.

L'article 7 autorise les colonies à exporter leurs produits en franchise, par tous pavillons, soit pour l'étranger, soit pour toute colonie française située en dehors des limites du cabotage.

L'article 8 autorise l'admission en franchise, en France, des produits coloniaux autres que le sucre, les mélasses non destinées à la distillation, les confitures et fruits confits au sucre, le café et le cacao, pourvu que ces produits soient importés par navires français.

L'article 9 déclare que le tonneau d'affrétement, actuellement variable de port à port, sera déterminé par un décret rendu dans les formes solennelles des règlements d'administration publique.

Enfin, l'article 10 fixe au 1er septembre 1861 l'époque où la loi actuelle serait exécutoire.

Telles sont, Messieurs, dans leur esprit général et dans leurs agencements, les dispositions constituant le projet de loi soumis à l'examen de votre commission, et dont nous avons constaté la sagesse et l'efficacité.

IV

RÉSOLUTIONS DE LA COMMISSION.

Votre commission a été unanime pour reconnaître que le régime actuel des colonies était inique et ruineux, et qu'il devait nécessairement être changé ; mais la commission s'est divisée sur deux points, qui sont : le traitement réservé au pavillon français par le projet de loi, et l'époque où la loi serait exécutoire.

Sur le premier point, quelques membres ont pensé que la surtaxe de pavillon était insuffisante, soit à cause des avantages que la législation anglaise et américaine offre aux sucres coloniaux, qui sont généralement de qualité inférieure et qui, à cause de ces avantages, seraient portés à se détourner de notre marché, soit à raison des charges que l'inscription maritime fait peser sur notre navigation marchande, et qui se résolvent en une augmentation de fret.

En vue de rétablir l'équilibre entre les pavillons, trois de nos honorables collègues, MM. Arman, Conseil et Voruz, ont proposé l'amendement suivant :

Art. 7. Ajouter : « Moyennant un droit de sortie de 30 francs par tonneau sur les produits de la Réunion, et de 20 francs sur ceux de la Martinique et de la Guadeloupe. »

Votre commission, animée du sincère désir de conserver

au pavillon français la protection nécessaire, et de pourvoir à son développement dans la mesure du possible, n'a pas pu néanmoins se dissimuler les graves inconvénients qui résulteraient de l'adoption de cet amendement.

Au point de vue général de la protection due à notre pavillon, votre commission a d'abord constaté que la loi du 3 mai 1860 sur les sucres, en ouvrant le marché français à l'importation du sucre étranger, moyennant une surtaxe de 3 francs, et le décret du 16 janvier 1861, en faisant disparaître cette surtaxe, avaient par avance donné à notre marine marchande une compensation au dommage qu'elle pourrait subir désormais dans le transport des sucres coloniaux, par la concurrence du pavillon étranger.

En fait, des documents officiels, placés sous nos yeux, ont établi que dans le commerce de concurrence de l'île Maurice, le pavillon français avait, dès 1858, pris une part qui, dans les importations générales, s'élevait à 488 719 livres sterling, et dans les importations directes de France, à 344 535 livres sterling, ce qui atteignait le cinquième environ de tout le commerce d'importation de la colonie. Il est résulté, en outre d'explications données à votre commission, par M. Bergasse, délégué de la chambre du commerce de Marseille, que le pavillon français aurait chargé, à Maurice, en 1860, de 25 à 30 millions de kilogrammes de sucre.

Ce supplément considérable de fret, que la législation de 1860 procure à notre pavillon dans le transport des sucres étrangers, a donc paru à votre commission compenser les pertes éventuelles qui peuvent l'atteindre dans nos colonies.

En ce qui touche les avantages que les tarifs anglais et américains offriraient aux sucres inférieurs de nos colonies, votre commission n'a pas pu être complétement convaincue de leur réalité.

Il résulte, en effet, d'un compte comparatif de vente de sucres, supposé opéré sur le marché de Londres, et fourni à votre commission, par M. Cler, délégué de la chambre de commerce du Havre, que les quatre nuances admises par le tarif anglais offriraient les résultats suivants :

Il resterait net à un négociant, droits déduits, pour 100 kilogrammes de sucre ;

	Sucre brun.	Sucre jaune.	Sucre blond.	Sucre raffiné.
En Angleterre....	62ᶠ33ᶜ	69ᶠ28ᶜ	76ᶠ00ᶜ	77ᶠ92ᶜ
En France........	60 00	74 00	82 00	90 00

5

Il résulte de ce tableau comparatif deux choses évidentes :

D'abord, pour tous les sucres de nuance élevée, comme le perfectionnement de la fabrication en produira en quantité dans nos colonies, il y aura un avantage considérable à venir en France plutôt qu'en Angleterre.

Ensuite, l'avantage de 2 fr. 33 c. que les sucres coloniaux de basse nuance trouveraient à se placer sur le marché anglais, de préférence au marché français, sont plus que compensés par la détaxe de 3 francs, dont ces sucres jouiront jusqu'au 30 juin 1866, importés par pavillon français. Dans le cas où, en 1866, la détaxe ne serait pas maintenue, une différence de 2 fr. 33 c. ne nous paraît pas de nature à établir un courant commercial bien énergique ; et le doute est au moins permis, jusqu'à ce que l'expérience soit venue faire connaître les véritables effets du jeu des tarifs, et montrer si la détaxe de 3 francs doit être maintenue.

Enfin, en ce qui touche les charges réelles que l'inscription maritime fait peser sur notre navigation marchande, votre commission a pensé que c'était là une matière délicate, entièrement réservée aux méditations du Gouvernement, et dont la division des pouvoirs constitutionnels ne permettait pas à votre commission de prendre l'initiative et la responsabilité.

Reste maintenant l'amendement de nos honorables collègues, considéré en lui-même.

Placée à ce point de vue, votre commission a d'abord été frappée de ce fait, que des droits de douane, à la sortie des marchandises, constituent un principe commercial aujourd'hui en discrédit et en désuétude ; et que, loin d'être disposé à en établir de nouveaux, le Gouvernement paraît sagement résolu à faire disparaître le peu qu'il en reste encore.

D'un autre côté, votre commission a dû considérer qu'en admettant les droits de douane à la sortie des sucres coloniaux établis en dérogation aux principes généraux de la matière, cette mesure rétrograde ne saurait produire les effets qu'on s'en serait promis. En effet, les articles additionnels 1 et 2 au traité de navigation conclu, en 1826, entre la France et l'Angleterre, ne permettraient pas que le pavillon anglais fût frappé d'un droit à la sortie, dans la navigation d'intercourse avec nos colonies. Le droit ne frapperait donc que les pavillons étrangers autres que le pavillon anglais, c'est-à-dire qu'il donnerait une sérieuse immunité au concurrent le plus redoutable.

Il existe déjà, dans nos trois colonies, un droit à la sortie ; mais ce droit n'est qu'une forme qu'il a fallu donner à l'impôt foncier, difficile à établir équitablement sur des terres non cadastrées.

Cet impôt, qui est, à la Réunion, de 3 1/2 pour 100 de la valeur vénale des denrées, à la Martinique de 4 pour 100 sur les sucres et de 3 pour 100 sur les sirops, et à la Guadeloupe de 2 fr. par 100 kilog. de sucre, et de 3 fr. par 100 kilog. de café, n'est donc pas un véritable impôt de douanes, et n'a aucun rapport avec celui que propose l'amendement.

Mue par tous ces motifs, et se fondant sur ce que le sucre de betteraves, dont il a été exporté, en 1860, 22 millions de kilogrammes en Angleterre, ne supporte aucun droit à la sortie, votre commission n'a pas cru pouvoir adopter l'amendement de nos honorables collègues MM. Arman, Conseil et Voruz.

Cet amendement rejeté, il s'en est présenté un deuxième, signé de MM. Conseil, Gustave Curé, Arman et Jérôme David, dont voici le texte :

« Art. 7. Les colonies pourront exporter leurs produits, sous tout pavillon, à toute destination ; néanmoins et jusqu'à l'expiration des détaxes accordées par la loi du 23 mai 1860, les produits de nos colonies, exportés sous pavillon étranger, seront soumis à une surtaxe de vingt francs par tonneau d'affrétement à la Martinique et à la Guadeloupe et de trente francs à la Réunion. »

Aux yeux de votre commission, cet amendement était encore moins acceptable que le précédent. En effet, non-seulement toutes les considérations qui militent contre le premier s'appliquent également au deuxième ; mais les détaxes accordées aux sucres coloniaux par la loi du 23 mai 1860 constituant par elles-mêmes une protection efficace, c'est tout au plus après leur expiration, et non pendant leur durée, qu'une protection nouvelle pour le pavillon pourrait être sollicitée.

Votre commission a donc également rejeté ce deuxième amendement.

Nous devons ajouter que, dans leurs dernières conférences avec votre commission, les délégués des chambres du commerce ont paru renoncer à l'idée contenue dans les amendements, et se sont réunis dans une demande générale d'ajournement.

Un amendement à l'article 10 de la loi avait d'abord été présenté par MM. Arman, Conseil et Voruz ; il était ainsi conçu :

« La présente loi sera exécutoire à partir du 1er juin 1862. »

La pensée qui avait présidé à l'exposition des motifs de cet amendement se résumait surtout dans le besoin qu'auraient les ports d'un délai d'un an pour liquider leur situation avec les colonies.

Votre commission n'a pas cru devoir s'arrêter à ces considérations.

D'abord, elle n'accepte pas l'idée d'une liquidation immédiate à intervenir entre les ports et les colonies, ce qui supposerait une complète cessation de rapports, laquelle nous a paru également improbable et impossible.

Ensuite le bon sens suffit à faire comprendre qu'une seule récolte des colonies ne saurait solder une dette de 118 millions ; et, d'ailleurs la loi laisse aux créanciers, s'il y a lieu, toutes les garanties de droit commun.

Votre commission a donc repoussé ce troisième et dernier amendement et maintenu le délai d'application fixé dans la loi.

Les délégués des chambres du commerce du Havre, de Bordeaux et de Marseille ont donné à leur demande d'ajournement des motifs plus élevés. Dans la crainte où ils sont que le pavillon français ne puisse pas lutter contre le pavillon anglais et américain, ils demandent que le Gouvernement ajourne la loi, sauf à l'accompagner plus tard des diverses mesures protectrices que les chambres du commerce croient nécessaires à notre navigation.

Au nombre de ces mesures suggérées au Gouvernement seraient :

Un remaniement du tarif des sucres ; un allègement des charges que l'inscription fait peser sur la navigation marchande ; des traités à conclure avec l'Espagne, avec la Hollande et avec l'Amérique du Sud, en vue d'ouvrir plus largement leurs colonies à notre commerce, et enfin, une attention sérieuse aux dangers que les traités avec la Belgique et avec le Zollverein pourraient faire courir à nos propres sucres, pour l'approvisionnement du marché français.

Sans être pénétrée, au même degré que les organes des chambres de commerce de la réalité de notre infériorité maritime, votre commission ne peut que s'associer à tous les vœux qui ont pour but son extension et sa prospérité.

L'application de la loi fera connaître, avec autorité, les véritables effets qu'on en doit attendre, soit quant au jeu des tarifs, soit quant aux charges de l'inscription, soit quant aux dangers de la concurrence belge ou allemande ; et le Gouvernement, nous en avons la persuasion, ne déclinera, s'il y a lieu, aucun des enseignements de l'expérience.

La commission croit que les luttes de la concurrence sont de nature à développer la navigation plutôt qu'à l'amoindrir ; elle tire un des principaux motifs de sa confiance de la part déjà notable que notre pavillon a su conquérir dans la navigation libre à Cuba et à Maurice, elle répète les paroles de la chambre du commerce de Marseille, qui écrivait à M. le ministre du commerce :

« Le monde entier est le meilleur champ d'échange et de « fret ; il vaut, en somme, mieux que n'importe quel coin de « terre, quelque productif qu'il puisse être en soi. »

Par tous les motifs qui précèdent, votre commission vous propose d'adopter le projet de loi.

5° Discussion du projet de loi au Corps législatif.

Séance du 26 juin. (Présidence de M. Schneider, vice-président.)

M. le Président. L'ordre du jour appelle la discussion du projet de loi relatif au régime des douanes aux colonies de la Martinique, de la Guadeloupe et de la Réunion.

(MM. de Parieu, vice-président du conseil d'État, Cornudet, de Roujoux et de Boureuille, conseillers d'État, siègent au banc de MM. les commissaires du Gouvernement.)

M. Arman a la parole.

M. Arman. Messieurs, je demande d'autant plus l'indulgence de la chambre, qu'elle est encore sous l'impression de deux documents également remarquables : le rapport de l'honorable conseiller d'État, qui précédait la loi, et le plaidoyer éloquent de notre honorable collègue le rapporteur de la commission. Je ne dois donc pas faire un discours après ces deux documents. Je dirai simplement à quel titre je persiste à penser que la loi aurait dû être retardée, qu'elle vient avant une série de mesures qui devraient la compléter et que, unis dans la même pensée de faire le bien des colonies, nous trouverions dans les circonstances actuelles le moyen de retarder sans danger pour elles la rupture du pacte colonial.

On a représenté, et bien à tort, les ports comme les antagonistes des colonies. Il est impossible de les séparer un seul instant. Est-ce que les colons ne sont pas les principaux habitants de nos villes ? est-ce que nous ne sommes pas liés dans le présent comme dans le passé ? est-ce que notre commerce maritime, est-ce que nos navires n'ont pas les colons pour principaux intéressés ? Par conséquent, quand on a dit que les villes de commerce, que nos grands ports maritimes vivaient au détriment des colonies, c'était une grave erreur. Ces deux intérêts, l'intérêt colonial et l'intérêt maritime, peuvent parfaitement se concilier. C'est là ce que je tiens à vous démontrer.

La liberté commerciale accordée aux colonies aura surtout pour avantage, et c'est celui que l'on recherche, d'ouvrir un plus grand marché à leur production ; mais ouvrir ce plus grand marché, c'est faire dériver leurs produits vers l'Angleterre, vers les États-Unis, vers les colonies anglaises, et, en retour, c'est permettre aux colonies de s'approvisionner de tout ce dont elles ont besoin à ces sources qui leur étaient jusqu'à présent fermées.

Eh bien, la rupture du pacte colonial aura pour notre marine ce premier inconvénient, et jusqu'à ce qu'on lui ait ouvert d'autres voies où elle pourra porter son activité, on commencera par paralyser complètement le mouvement que la navigation réservée avait créé.

Il est évident que la législation des sucres en Angleterre attirera principalement les sucres de couleur, les sucres des types inférieurs, qui sont ceux de la Martinique et de la Guadeloupe. Une détaxe considérable, offerte par la législation anglaise, va les solliciter, et le marché français ne pourra pas lutter dans ces conditions avec le marché anglais. La navigation restera protégée vers la France ; mais toute protection aura cessé avec la loi dans la concurrence maritime pour le transport des produits coloniaux sur le marché anglais.

Lorsque nous avions demandé une surtaxe, on nous a répondu que le traité de 1826 rendait impossible l'application de cette mesure douanière vis-à-vis du pavillon anglais. Eh bien, il est évident que, le courant se faisant, nous ne trouverons pas d'un autre côté, dans notre récente législation des sucres, les compensations que nous devrions y trouver. Il est évident que ce n'est qu'avec l'aide d'un sous-type, c'est-à-dire d'une détaxe en faveur des sucres bruns, que nous pourrions lutter avec l'Angleterre. Notre dernière législation des sucres, ce n'est pas seulement la loi actuelle qui la rend insuffisante : les traités de commerce avec la Belgique et avec le Zollverein, — ce dernier, on l'assure, est très-près d'être amené à exécution, — introduiront en France, avec une simple surtaxe de 2 francs, des sucres de nuance supérieure, et ce sera là la véritable concurrence que notre industrie française aura à supporter.

Eh bien, si, d'un côté, la législation des sucres vis-à-vis des colonies a besoin d'être remaniée; si, de l'autre, vis-à-vis de l'étranger il y a quelque chose à faire aussi bien dans l'intérêt de l'agriculture que dans celui de la marine, pourquoi ne pas remettre la loi comme le Gouvernement avait paru l'accorder, à l'année prochaine, à la date du 1er juin? C'était la base d'un amendement que j'avais présenté à la commission chargée de l'examen de cette loi.

On a proclamé, et on a ému la chambre en lui disant, que la situation des colonies était telle qu'il fallait y porter un prompt remède; que, si la loi n'était pas votée, il fallait, par des mesures exceptionnelles, venir à leur secours.

Heureusement il n'en est rien. Il y a, en ce moment-ci, exagération dans ces assertions.

Dans nos colonies des Antilles, de la Martinique et de la Guadeloupe, le fret, que le rapport du conseil d'État a représenté comme s'étant maintenu à 100 fr. en moyenne, est descendu à un chiffre beaucoup plus bas. Il est très-contestable que cette moyenne soit restée à 100 fr. Aujourd'hui le fret est descendu à 55 fr. à la Martinique, et à 65 fr. à la Guadeloupe.

A la date du 11 mai dernier, 28 navires restaient à Saint-Pierre en charge :

Pour le Havre	5
Pour Nantes	4
Pour Bordeaux	5
Pour Marseille	5
Sans destination	9
Total	28
Étaient attendus	11

En tout 39 navires prêts à enlever le sucre de la colonie.

A la Pointe à Pitre :

Pour le Havre...........................	6 navires.
Pour Nantes............................	4
Pour Bordeaux..........................	5
Pour Marseille..........................	3
Attendus...............................	14
Total................	32

Eh bien, dans ces conditions, la concurrence a fait monter le sucre à un prix très-élevé, très-rémunérateur pour les colonies. Ce prix varie de 24 à 25 fr. Par conséquent, pour ces colonies, il n'y a pas urgence à changer de semblables conditions.

Si nous passons à la Réunion, la prospérité certainement n'est pas aussi complète que nous pourrions le désirer; mais enfin on ne saurait nier que cette colonie ne soit dans un état très-prospère. Il est certain que ses produits se vendent souvent à l'avance, et que l'ensemble des affaires dans cette colonie est dans un état des plus satisfaisants. Que demandions-nous donc? De retarder cette loi afin de laisser liquider ou transformer les opérations engagées. Il est certain que les expéditions dans les colonies et les existences dans les entrepôts ne peuvent se liquider d'un instant à l'autre; il est certain que le nouveau régime doit créer de nouvelles relations, de nouveaux rapports. Eh bien! ce n'est pas en deux mois qu'on peut changer ce régime qui dure depuis deux siècles, et auquel l'éloquent rapporteur a rendu pleinement justice en disant qu'il avait eu longtemps pour les colonies les effets les plus avantageux.

Le rapport de notre honorable collègue M. Granier de Cassagnac se termine par cette phrase empruntée à la chambre de commerce de Marseille : Que lorsqu'on peut nous ouvrir le monde entier, il n'est pas de coin de terre, quelque fertile qu'il soit, qui puisse lui être comparé.

Eh bien! messieurs, il y a longtemps que nous demandons qu'on nous ouvre le monde; nous avons demandé ces facilités alors que les idées actuelles n'étaient pas précisément celles qui dominaient. Nous étions les libéraux, nous étions les libres-échangistes, et aujourd'hui nous sommes les modérés. On va plus vite, beaucoup plus vite qu'il n'était possible avec une législation aussi complexe, et on néglige un des plus grands intérêts, celui de la marine.

Il est évident que la marine doit chercher à se mettre en

harmonie avec les conditions nouvelles qui sont faites à la fois au commerce et à l'industrie.

Voyons donc si déjà on nous a ouvert le monde. Je demande aux commissaires du Gouvernement quelle est la nouvelle colonie, quel est le nouveau point du globe où nous pouvons commercer autrement qu'il y a cinq ou six ans? Il n'en est pas encore. La navigation réservée va disparaître; mais nous trouvons par exemple à Cuba les mêmes droits à l'introduction, les mêmes droits à l'exportation. Allons-nous aux Philippines, nous y trouvons les mêmes barrières. Allons-nous à Java commercer avec la Hollande, des restrictions y subsistent toujours. Dans les petites républiques de l'Amérique du Sud, nous trouvons les traités anglais que nous avons acceptés, parce que nous avons été mis sur le pied de la nation la plus favorisée; mais ces traités, faits au point de vue de l'Angleterre, laissent peser sur nos produits les plus forts droits de douane que perçoivent toutes ces républiques. Par conséquent on n'a rien fait encore pour la marine. On a l'intention de faire, je n'en doute pas; je crois que le Gouvernement a dans ses préoccupations la volonté de ne pas laisser décroître ce précieux instrument de nos transports, car cet instrument fait la force de son armée navale; mais enfin on n'a rien fait encore.

Il y a bien une loi de douane qui vient de nous être présentée. Peut-être, l'année prochaine, à l'aide de cette loi, pourrons-nous arriver à une révision partielle de la législation des sucres; quelques amendements convenablement proposés peuvent conduire le gouvernement à nous donner cette satisfaction. Sur d'autres articles nous pouvons peut-être encore soustraire notre pavillon à cette égalité de l'entrepôt qui fait que l'Angleterre profite déjà presque seule du traité de commerce au détriment de notre marine; mais tout cela ne peut venir que l'année prochaine. Pourquoi donc, puisqu'il n'y a pas urgence pour les colonies, ne pas attendre qu'un ensemble de mesures puisse donner satisfaction à tous les intérêts qui les réclament?

L'Angleterre n'a pas agi ainsi. Avant de donner la liberté à ses colonies, elle a exploité seule pendant douze ans les correspondances transatlantiques, c'est-à-dire la clef de toutes les affaires du monde, qui passent encore par ses mains. Quand elle a proclamé la liberté coloniale, elle était si forte dans l'Inde, elle était si forte partout, qu'elle a pu sans inconvénient appeler la concurrence. Mais nous, nous sommes encore dans les langes de la navigation réservée, nous la pratiquons encore, et, en nous en faisant sortir on ne nous ménage aucune transition. C'est cette transition que nous réclamons, et nous la demandons sans abandonner les principes. Nous ne renions pas ce que nous avons toujours demandé; mais on oublie que, dans les lois que nous avons votées pour chaque industrie, nous avons toujours cherché à donner au moins à chacune d'elles une compensation quelconque, tandis qu'à la marine on n'en offre aucune. Ce que nous désirons, ce que les colonies elles-mêmes ne refuseraient pas, dans ces termes, ce serait l'ajournement; et, si j'avais un vœu à exprimer, une proposition à faire, ce serait le rejet de l'article 10 qui fixe l'application du nouveau régime au 1er septembre prochain, rejet qui entraînerait le renvoi à la commission, afin que demain nous puissions fixer un délai nouveau, celui du 1er juin 1862. Nous en avons le droit maintenant et ce serait la première fois que la Chambre en userait. Tous les intérêts alors auraient le temps d'être discutés; les colonies n'y perdraient rien et nous resterions dans les termes qui nous avaient été posés. Ici, en effet, je peux faire appel aux souvenirs de la Chambre. Lors de l'examen du projet de loi en comité secret, le Gouvernement ne paraissait pas désirer que la loi fût votée aussitôt. Le commissaire du Gouvernement nous disait : « Voyez! le gouvernement vous donne le terme d'une année pour examiner cette loi; car elle est très-importante; vous aurez le temps de l'étudier, de la discuter, de l'améliorer avec nous. »

MM. les sténographes tiennent compte de ce qui se passe dans les comités secrets, et il est facile de retrouver les déclarations du Gouvernement. Eh bien, ces déclarations ont eu de l'écho dans nos ports; tout le monde a cru que nous avions un an devant nous; toutes les opérations se sont continuées, et ce sera véritablement un grand dommage que le vote aussi brusque et aussi rapide d'une loi que rien ne réclame avec tant d'urgence, et que, heureusement, l'état des colonies permet d'ajourner sans danger.

M. Granier de Cassagnac, rapporteur. Messieurs, j'aurai l'honneur, si la Chambre le trouve bon, de dire quelques mots pour expliquer les motifs qui ont empêché la commission d'accepter l'amendement que l'honorable M. Arman vient d'exposer et de défendre devant vous.

La Chambre aura remarqué que M. Arman accepte et approuve le principe de la loi; il la trouve nécessaire et équitable; il s'est placé par conséquent dans la situation de trouver et d'apporter des motifs qui justifient un ajournement de la justice et de la nécessité.

Les motifs qu'il a exposés devant vous ont-ils ce caractère? Je vous demande la permission d'examiner cette question.

Dans la pensée de l'honorable M. Arman, l'ajournement aurait pour objet de permettre au Gouvernement de chercher, dans l'intérêt de la navigation, qu'il croit menacé par le projet de loi, certaines garanties. Au nombre de ces garanties, notre honorable collègue a indiqué un remaniement des tarifs que nous avons votés l'année dernière, des négociations à ouvrir, des traités commerciaux à faire, de façon à nous procurer des opérations plus larges dans les colonies espagnoles et dans les colonies hollandaises.

Je vais examiner d'abord avec l'honorable M. Arman et avec la Chambre la situation générale que le projet de loi qui nous est soumis fait à la navigation.

Quelle est cette situation? La voici, ce me semble, résumée en quelques mots. Jusqu'ici, dans les trois colonies que le projet de loi a en vue, la Martinique, la Guadeloupe et la Réunion, la navigation française jouissait du monopole. Est-ce que le projet de loi substitue à cette navigation réservée un régime complet de liberté? Non, il place l'industrie de l'armement dans la situation de toutes les autres industries, c'est-à-dire que ce projet de loi lui ménage un système de transition. En quoi consiste ce système de transition? Il consiste dans une protection véritablement raisonnable, et, à mon sens, parfaitement suffisante. Ainsi, dans la navigation d'intercourse entre ces trois colonies et la métropole, le pavillon est d'abord protégé par une détaxe relativement au pavillon étranger; et si l'on considère qu'à cette détaxe, qui est de 30 fr. pour la navigation dans le grand Océan, et de 20 fr. pour la navigation dans l'Océan Atlantique, il faudra ajouter le double décime de guerre, cette protection va se trouver en réalité de 36 fr. pour la Réunion, et de 24 fr. pour les Antilles.

Ce n'est pas tout. Les colonies des Antilles et de la Réunion jouissent, comme vous savez, pendant quelques années encore, d'une détaxe sur le sucre, qui est leur principale denrée d'exportation, de 3 fr. par 100 kilogr., c'est-à-dire de 30 fr. par tonne.

Voilà encore une protection de 30 fr. qui vient s'ajouter à la protection du pavillon.

M. Arman. Vous avez tort. Votre raisonnement n'est exact qu'en ce qui concerne le mouvement de la navigation vers la France.

M. le rapporteur. Je n'admets pas que j'aie tort dans mon assertion, car il est évident que les sucres venant en France par pavillon français, jouissant d'une détaxe de pavillon de 36 fr. et d'une autre détaxe de 30 fr. que je viens d'indiquer, il est évident, je le répète, que cela fait une protection totale de 66 fr.

Mais ce n'est pas encore tout.

Il est bien clair que la navigation étrangère qui voudra aller opérer avec nos colonies n'y arrivera pas, en général, à vide; elle sera obligée d'y porter des marchandises. Le voyage d'aller du pavillon étranger sera encore frappé d'une taxe de 20 fr. par tonne sur les marchandises importées. Vous voyez donc que le projet actuel ne livre pas la marine à ces idées de libre-échange auxquelles l'honorable M. Arman, et je l'en loue, était autrefois si favorable, quand il supposait qu'elles n'arriveraient pas jusqu'à Bordeaux. (*On rit.*)

Voilà, Messieurs, qu'elle est la situation générale que le projet de loi fait à la navigation française.

Permettez-moi d'examiner maintenant quelles vont être les conditions particulières de cette navigation et dans le grand Océan et dans l'océan des Antilles.

Je dois dire à la Chambre que les honorables représentants des chambres de commerce que nous avons eu l'honneur de recevoir et d'écouter nous ont paru nourrir peu d'inquiétudes sur la navigation d'intercourse avec la Réunion. Ils nous ont rappelé, ce que quelques-uns d'entre nous savaient un peu, que cette navigation donne lieu à des opérations particulièrement fructueuses. En général, une opération faite sur l'île de la Réunion se compose de trois opérations séparées : on porte à l'île de la Réunion un chargement en marchandises métropolitaines. Si l'on arrive, et on s'arrange pour qu'il en soit ainsi, si l'on arrive avant le moment de charger du sucre, on prend des ordres de chargement pour l'Inde, et on y va chercher du riz que l'on apporte à la colonie; ensuite, après avoir déchargé ce riz, on prend des sucres que l'on amène en France.

Par conséquent, une opération sur la Réunion se compose des trois opérations que je viens de résumer.

Il y a mieux, c'est que, sous l'empire de la législation actuelle, ces trois opérations peuvent s'accroître d'une quatrième opération qui consistera, après avoir chargé du sucre dans la colonie, à le porter en Australie, à le vendre et à l'échanger contre des laines que l'on rapportera en France.

Par suite de ces combinaisons, qui sont à la connaissance de l'honorable M. Arman encore plus qu'à la mienne, et qui nous ont été confirmées par les représentants des chambres de commerce, ces derniers sont à peu près unanimement fort peu inquiets du sort de la navigation française dans les parages du grand Océan, et ces sentiments qu'ils nous ont manifestés sont, du reste, justifiés par les faits. Il résulte, en effet, de l'examen des états de douane de Maurice, que non-seulement la navigation française pourra continuer avec la Réunion les bonnes opérations qu'elle a faites jusqu'à ce jour sous l'empire des anciens tarifs, dans l'état actuel des choses, mais encore qu'elle pourra prendre une part très-honorable, très-considérable, dans les opérations libres avec cette colonie anglaise. Ainsi, il sera confirmé, si cela est nécessaire, par MM. les commissaires du Gouvernement, que la moyenne des opérations faites à l'île Maurice par le pavillon français s'est élevée, pour l'importation et l'exportation, au cinquième des opérations totales de la colonie. Je sais que l'année dernière les sucres anglais, chargés à l'île Maurice par bâtiments français et importés en France, se sont élevés à 25 millions de kilogrammes. Cette année-ci, l'exportation des sucres de l'île Maurice sera peut-être un peu moins considérable; cependant, je crois savoir que, à l'heure qu'il est, elle s'élève à près de quinze millions de kilogrammes, et qu'il en est attendu environ deux millions par des navires qui ont déjà reçu leur chargement.

Mais il faut savoir que, au moment où je parle, non-seulement les opérations de chargement ne sont pas terminées dans les colonies du grand Océan, mais qu'elles commencent à peine, c'est-à-dire que la fabrication des sucres commencera à Maurice et à la Réunion à la fin de juin, pour durer jusqu'à la fin de l'année; et c'est une des raisons que j'invoquerai pour montrer à l'honorable M. Arman que son amendement n'aurait aucun effet, quant à la Réunion, puisque si la loi était appliquée à partir du 1er juin de l'année prochaine, elle ne s'appliquerait pas à cette colonie dont la récolte commence à cette époque.

Ainsi donc, pour résumer cette question, je dis que le sort des opérations de la navigation française, dans le grand Océan, n'a pas paru inquiéter du tout les honorables représentants des chambres de commerce; or, je crois que nous pouvons nous en rapporter à leur témoignage, et ne pas nous montrer plus inquiets qu'eux-mêmes.

Je vous demande la permission de vous dire un mot seulement sur la condition particulière de la navigation française dans les Antilles.

Certainement, la navigation des Antilles ne présente pas d'une manière aussi constante, aussi régulière et en aussi grande masse que dans les autres colonies, l'éventualité de ces opérations multiples dont je parlais tout à l'heure. Cependant ces opérations ne leur sont pas tout à fait étrangères.

Il y a, dans cette assemblée devant laquelle j'ai l'honneur de parler, plusieurs représentants de ports et même des armateurs. Eh bien, ils savent qu'on ne va pas seulement aux Antilles pour charger du sucre à la Martinique et à la Guadeloupe; mais qu'on charge aussi du cacao à la Guayra, du bois de teinture à Campêche, de l'acajou à Saint-Domingue. (M. Arman fait un geste négatif.) Je prie l'honorable M. Arman de me permettre de lui rappeler ce souvenir de mes yeux. On va charger à Saint-Domingue des quantités considérables d'acajou.

Par conséquent, dans cette navigation libre qui s'opère dans la mer des Antilles, une part notable reste au pavillon français. Je ne parle pas des sucres et des cafés qu'on va charger à Porto-Rico et à Cuba; je dis que le pavillon français, dans la mer des Antilles, conservera sa part, qui est déjà considérable, et augmentera même la situation dont il s'est déjà mis en possession.

Je dois dire ici un mot d'un argument qui, en théorie, paraît considérable, et qui consiste à présenter notre tarif des sucres, voté l'année dernière, comme devant déterminer un grand mouvement commercial entre nos colonies, l'Angleterre et les États-Unis. La Chambre se rappelle que dans la législation que nous avons votée, nous n'avons établi que

deux types de sucres, le sucre raffiné et le sucre non raffiné.
Par conséquent, nous n'avons établi également que le droit
du sucre raffiné et le droit du sucre non raffiné.

En Angleterre, il y a quatre types qui répondent à ces dé-
nominations comprises aisément de tout le monde : sucre
brun, sucre jaune, sucre blond et sucre raffiné. Eh bien, si
on se tient au point de vue théorique, on comprendra facile-
ment que la législation anglaise, classant les sucres suivant
leur richesse saccharine et demandant à chacun d'eux un droit
conforme à cette richesse, on comprendra au premier abord
et d'une manière générale que cette classification de quatre
droits est plus favorable aux sucres inférieurs. En effet, notre
tarification demandant le même droit à tous les sucres non
raffinés, quelle que soit d'ailleurs leur nuance, cette tarification pèse beaucoup sur les sucres inférieurs, qui sont moins
riches.

On dirait donc qu'il y a dans cette comparaison des deux
tarifs, au point de vue de la théorie, une raison de croire
que les sucres inférieurs de nos Antilles se porteront de préférence sur le marché anglais.

Eh bien, je dis que la pratique détruit la théorie, et avant
de le montrer par des chiffres je demande la permission de
faire observer, que l'objet de la présente loi sera de changer
l'état actuel des choses, c'est-à-dire de pousser les Antilles
dans la voie d'amélioration. Les sucres inférieurs constituent
aujourd'hui la grande majorité des sucres produits aux Antilles.

L'effet de la loi actuelle, je le répète, en mettant les Antilles en relation avec tous les marchés du monde, sera de
pousser ces colonies dans la voie d'une fabrication améliorée.
Alors les sucres de nuance élevée deviendront la règle, et les
sucres inférieurs l'exception.

Par conséquent, les sucres élevés auront un grand avantage à se produire sur le marché français, parce que, n'y
payant que le même droit auquel sont soumis les sucres inférieurs, ils y trouveront néanmoins un prix commercial bien
plus élevé.

J'ai dit que cette théorie que vous exposait tout à l'heure
l'honorable M. Arman est détruite par la pratique. Je dois
ajouter que cette objection, tirée de la comparaison des deux
tarifs, de la tarification anglaise et de la tarification française
sur les sucres, a été la préoccupation qui a pesé le plus lour-

dement sur les méditations de la commission. Afin de se bien rendre compte du mécanisme de ces tarifs, la commission a demandé à un représentant, aussi honorable qu'intelligent, d'un de nos grands ports de commerce, un compte de vente, une opération simulée représentant les résultats nets d'une double expédition faite des Antilles sur le marché de Paris et sur le marché de Londres. Nous avons voulu nous rendre compte des résultats qu'auraient ces opérations parallèles de deux négociants ou du même négociant vendant des sucres en même quantité et de même qualité sur le marché de Londres et sur le marché de Paris. Voici le résultat de cette opération fictive, de ce compte double. Comme j'ai eu l'honneur de le dire tout à l'heure, l'avantage des sucres élevés est très-considérable. Ainsi, nous supposons qu'il ait été expédié sur le marché de Londres et sur le marché de Paris 100 kilogrammes des quatre espèces de sucre dont j'ai eu l'honneur de dire un mot tout à l'heure. Voici la différence des résultats nets : Les 100 kilogrammes de sucre raffiné produiront sur le marché de Londres 77 fr. 72 c., et sur le marché de Paris 90 fr. L'avantage est donc considérable du côté de la France. Les sucres blonds produiront à Londres 76 fr.; à Paris 82 fr. L'avantage est encore très-réel. Les sucres jaunes se vendront à Londres 69 fr. 28 c.; à Paris 74 fr. L'avantage existe encore.

Enfin, j'arrive à cette catégorie de sucres que l'honorable M. Arman croit devoir se diriger exclusivement ou à peu près vers Londres ou New-York. Eh bien! 100 kilog. de sucre brut, vendus à Londres, produiraient 62 fr. 32 c., tandis que vendus sur le marché français, ils ne produiraient que 60 fr. Il y aurait donc dans cette opération une différence de 2 fr. 32 c. au bénéfice du marché anglais. Mais si l'on considère que sur le marché français il faut ajouter aux 62 fr. 32 c. le bénéfice d'une détaxe de 3 fr. 60 c., on reconnaîtra que l'avantage est encore de notre côté.

Je dois ajouter, et c'est une considération qui a une grande importance, que la mercuriale d'après laquelle cette opération de vente nous a été donnée est déjà ancienne, et que je crois savoir qu'il sera produit dans la discussion, s'il est besoin, un document officiel d'après lequel la différence sur les ventes de sucres bruns opérées en France et en Angleterre ne se bornerait pas à 1 fr. 60 c.

En résumé, il me paraît évident que dans la navigation de

la mer des Antilles, comme dans celle du grand Océan, le pavillon français ne court pas les dangers qu'on nous exposait tout à l'heure. Par conséquent, je ne crois pas qu'il y ait lieu d'accéder à l'ajournement demandé par l'honorable M. Arman ; je le crois d'autant moins que je n'en comprendrais pas les motifs ni les résultats.

Ainsi, d'ici à un an, les détaxes sur les sucres des deux colonies seraient maintenues : d'ici à un an, quelque diligence qu'on attribue au Gouvernement, et je lui en attribue une très-grande, quelque diligence que mette le Gouvernement dans la négociation d'un traité de commerce, il est impossible d'espérer qu'il en aura signé un avec la Hollande et avec l'Espagne ; par conséquent, d'ici à un an, rien ne sera changé.

En outre, j'ajoute que si le délai était appliqué, il couperait la récolte des colonies en deux ; il trouverait la récolte des Antilles finie, et celle de la Réunion à peine commencée.

Je me refuse donc à accepter l'ajournement sollicité par l'honorable M. Arman, parce que, je le répète, je n'en comprends ni la nécessité ni l'efficacité.

Je termine, messieurs, par une considération qui a quelque importance à mes yeux.

Qu'on me dise que la navigation constitue l'un des grands intérêts de la France, je le comprends ; qu'on me dise que cet intérêt de premier ordre ne peut être acheté ou maintenu qu'au prix de certains sacrifices, je le comprends encore ; mais ce que je ne comprends pas et ne comprendrai jamais, c'est que le prix de ce sacrifice, fait en faveur de la métropole, soit imposé à trois petites colonies, dont les populations réunies n'égalent pas la population de mon département.

Ce que je ne comprends pas, ce que je ne comprendrai jamais, c'est qu'on veuille imposer à quelques-uns la rançon de la gloire et de la force de tous.

L'honorable M. Faure vous rappelait avant-hier, pour obtenir quelque justice en faveur du département des Hautes-Alpes, les sentiments patriotiques que la population avait fait éclater. Assurément, s'il fallait du patriotisme pour obtenir justice du Gouvernement, les colonies auraient de longues, de justes et de glorieuses prétentions à exposer. Pendant les grandes luttes de la République et de l'Empire, la France, enveloppée par les flottes ennemies, n'était pas toujours informée des grandes et merveilleuses choses qui s'accomplissaient là-bas. Il s'en fallait qu'aucune nation militaire dans le monde n'a jamais dépassées, et ces grands faits d'armes ont eu en outre cette fortune d'être consacrés par le malheur; car les défenseurs des colonies, abandonnés par la métropole, écrasés sous le nombre, sont allés, pour la plupart, languir ou mourir dans les pontons anglais!

Les colonies ont donc tout pour elles : elles ont le bon sens, elles ont l'urgence, elles ont l'équité, elles ont la gloire, elles ont l'infortune. Je conjure la Chambre de ne pas s'arrêter aux préoccupations manifestées par M. Arman, quelque honorables qu'elles soient et que je les reconnaisse. Il y a longtemps, trop longtemps que les colonies dépendent des besoins de la métropole; il est bien temps, ce me semble, qu'elles ne relèvent plus que de Dieu, de la justice et d'elles-mêmes. (Très-bien! très-bien!)

M. Arman. Je demande à dire un seul mot...

M. le Président. M. Conseil avait demandé la parole.

M. Arman. J'ai à répondre sur un fait personnel... (Interruption. — Non! non!)

Permettez-moi un seul mot sur le port de Bordeaux qui a été l'objet d'une attaque; je ne serai pas long.

Très-certainement le reproche d'égoïsme qu'on a fait au port auquel j'appartiens n'est pas fondé; et lorsque la loi aura été votée, lorsque le commerce se trouvera en face de difficultés nombreuses qui vont surgir, ce sont encore les armateurs de Bordeaux qui seront les premiers, à leurs risques et périls, à les affronter, et qui feront de généreux efforts pour les vaincre.

Il est certain que dans les mers de l'océan Pacifique, dans celles de l'Inde, à ces époques glorieuses pour la marine, dont a parlé M. de Cassagnac, c'est le pavillon commercial de la ville à laquelle j'appartiens qui a flotté le premier sur les points les plus inexplorés du globe, et qui le premier a ouvert des marchés inconnus aux transactions de notre pays. Par conséquent, je ne sais pas pourquoi nous sommes attaqués ici, et représentés comme cédant aux impulsions d'un intérêt égoïste. Non, l'intérêt colonial est lié avec le nôtre; nous sommes solidaires, et c'est parce que nous ne trouvons pas dans le projet de loi le délai suffisant pour nous garer de l'ennemi, du seul ennemi que nous avons à craindre, que nous demandons l'ajournement.

Une voix. Quel ennemi?

M. Arman. L'ennemi, c'est la concurrence anglaise, c'est le commerce anglais; vous ne pouvez pas empêcher que l'Angleterre ne soit partout, qu'elle n'ait son grand commerce, son crédit, ses populations établies à l'étranger; qu'elle n'ait enfin depuis longtemps tout ce que nous n'avons pas, tout ce que nous voulons créer.

Nous venons de créer deux lois sur les services postaux dans l'Indo-Chine et dans l'Océan; mais il y a vingt ans que nous les attendions, et nous ne les avions pas encore. Est-ce que nous sommes les ennemis des colonies? Est-ce que nous ne sommes pas Français? Est-ce que les colonies françaises ne le sont pas comme nous? Est-ce que ce n'était pas dans les colonies comme dans nos ports que la noblesse française pouvait aller s'établir et faire le commerce sans déroger?

Dans toutes les lois votées, dans le traité de commerce lui-même, vous avez accordé à tous les intérêts les délais nécessaires pour se transformer. Eh bien! à l'égard de la marine vous ne le faites pas, vous obéissez à un entraînement malheureux, alors que cela n'est pas commandé par la nécessité, alors que cela est contraire à la justice, alors que les circonstances actuelles ne le demandent pas. Le Gouvernement l'avait si bien senti que, d'après les déclarations qui avaient été faites aux chambres de commerce, il était entendu qu'on retarderait cette mesure d'une année.

La date que j'ai demandée finit après une récolte et avant une autre, et par conséquent il n'y a rien entre elles; ce délai est donc parfaitement choisi.

Si la Chambre faisait droit à notre demande, elle ferait un acte aussi utile, aussi avantageux pour notre commerce que pour nos colonies.

Plusieurs membres : Très-bien! très-bien!

M. Conseil. Messieurs, il est fort embarrassant de venir ici parler d'une loi qu'on n'a pas eu le temps d'étudier. Cette loi est la plus importante, la plus grave de celles qui ont été présentées dans le cours de la session. D'après les paroles mêmes de l'honorable rapporteur, M. Granier de Cassagnac, elle comprend un pacte colonial qu'il faut détruire, et qui existe depuis deux cents ans; ce pacte qui a produit des résultats immenses, en faveur de qui? en faveur même des colonies, dont l'honorable M. Granier de Cassagnac est le défenseur dévoué; ce pacte qui a produit des résultats immenses en faveur de qui encore? en faveur de l'agriculture, de l'industrie et de la marine. Ce sont les termes mêmes du rapport.

Le projet de loi, aujourd'hui en délibération, vous a été soumis, il y a eu samedi quinze jours.

M. de Parieu, vice-président du conseil d'État. Le 28 mai.

M. Conseil. Dans ce court espace de temps, la commission, animée d'un zèle, d'un dévouement qui ressemble à une activité prodigieuse, a fait un rapport de vingt pages in-quarto qui devait analyser l'exposé des motifs du projet de loi, qui en comprenait cinquante. Cinquante et vingt font soixante-dix pages in-quarto, ce qui représenterait un petit volume de deux cent quatre-vingts pages in-octavo (on rit). S'il n'y avait qu'à les lire, certainement le temps ne nous aurait pas manqué, mais remarquez un peu le travail que nous avons à faire : non-seulement nous voulons détruire des choses qui existent, mais nous voulons les appliquer à des choses qui n'existent pas. Nous voulons ensuite établir des comparaisons, parce que nous avons affaire à une concurrence des plus redoutables, et personne ne nous contredira sur ce point.

L'honorable M. Granier de Cassagnac nous a fait l'honneur de nous dire, dans le bureau dont je fais partie, qu'il avait consulté tous les députés des ports, que tous avaient été unanimes pour lui dire que cette loi portait un préjudice à la marine, mais que pas un d'eux ne lui avait indiqué le remède. Que l'honorable M. Granier de Cassagnac me permette de lui répondre : donnez-moi le temps de chercher le remède; donnez-moi le temps d'étudier la loi que vous présentez. Je ne l'ai pas eu ce temps, et l'impression que j'ai éprouvée en lisant l'exposé des motifs et le rapport de la commission, cette impression, certainement a été de voter contre la loi. Mais, je le déclare, je n'ai pas pu l'étudier assez consciencieusement.

Il y a là des questions très-profondes dans lesquelles il faut descendre et qui intéressent non-seulement les colonies qui ne forment qu'une population égale à celle du département de l'honorable M. Granier de Cassagnac, mais tout le commerce des colonies et notre marine militaire, dont il n'est pas dit un mot. Notre marine militaire, messieurs, me préoccupe profondément, lorsque je vois tous les jours, sans intention bien certainement de la part du Gouvernement, démolir cette utile institution de l'inscription maritime qui nous est si enviée. (Dénégations.) Oui, messieurs, si le Gouvernement est logique, s'il est conséquent, il va venir nous dire l'année prochaine : « Vous n'aurez plus d'inscription maritime ! » Cela ressort des termes mêmes de l'exposé des motifs du projet de loi. En effet, il y est dit : Le pacte colonial ne peut plus exister ; l'équilibre est rompu. On a fait disparaître tous les priviléges qui le constituaient, il ne peut plus exister. Vous n'aurez donc plus de pacte colonial. Eh bien, si le Gouvernement est conséquent et logique, l'année prochaine il viendra nous dire : Vous n'aurez plus d'inscription maritime ; car on lui a enlevé les pêches ; il n'y a plus d'équilibre, et de cette manière vous serez entraînés à voter la destruction de ce qui fait la sauvegarde de l'honneur maritime de la France.

Messieurs, je n'entrerai pas en opposition avec l'honorable M. Granier de Cassagnac au sujet des assertions qu'il vous a émises sur la navigation de Maurice et de Bourbon ; je la connais aussi bien que qui que ce soit dans cette Chambre, parce que je l'ai pratiquée longtemps, et je dirai que l'honorable M. Granier de Cassagnac, là encore, n'est pas dans le vrai.

Cela résulte, dit-il, de documents qui lui ont été fournis, mais ces documents, si j'avais eu le temps de les examiner, auraient certainement pu supporter quelques rectifications. Je trouve encore dans la lecture superficielle de ce projet de loi des lacunes dont on n'a pas dit un mot, lacunes qui sont préjudiciables à nos intérêts maritimes, car, de même que les colonies paraissent avoir dominé l'esprit de la commission, de même la marine française domine mes idées dans cette circonstance.

Messieurs, on n'a pas parlé du droit de corporation que nous aurions à payer, lorsque des bâtiments chargés de sucre à la Martinique seraient à côté de bâtiments anglais chargés également de sucre et viendraient en Angleterre ; les bâtiments anglais ne payeraient pas de droit et les bâtiments français en payeraient. Voilà ce qui détruit tous vos calculs. C'est une combinaison à laquelle vous n'avez pas songé, et je crois qu'il eût été bon de voir ce qu'il y avait à faire.

On n'a pas dit un mot de la loi du 28 juillet 1860, qui s'occupe de nos pêcheries à Terre-Neuve, loi qui leur donne existence jusqu'en 1871. Le but de ces expéditions est de pêcher la morue à Terre-Neuve, de la vendre à la Martinique, et de revenir de la Martinique avec un chargement de sucre.

Or, sur ce point, je dis que nous ne pouvons soutenir la concurrence avec l'Angleterre.

Messieurs, mon intention, en prenant la parole, était de ne dire qu'un mot, c'est que je m'abstiendrais de voter cette loi, parce que je serais de ceux qui seraient accusés de l'avoir votée.

Une voix. Votez contre.

M. Conseil. Je réponds à l'interruption qu'on vote contre une loi quand on est persuadé qu'elle est mauvaise, et quand on a eu le temps de s'assurer qu'elle était mauvaise. Or, je ne puis pas m'en assurer. Je n'ose pas dire que la loi est mauvaise. Je crois qu'on pourrait y trouver du bon, et je ne veux pas dire que je voterai contre la loi, puisque je ne la connais pas assez pour dire si elle est bonne ou mauvaise. Je m'abstiendrai donc de la voter, parce que je ne veux pas engager ma responsabilité dans un acte qui cause déjà des appréhensions immenses dans tous nos ports. Dans les ports, on ne s'attendait pas, comme l'a dit l'honorable M. Arman, à ce que cette loi passât cette année. Et en effet elle ne devait pas passer, car lorsqu'elle est venue en comité secret, j'ai eu l'honneur de demander qu'elle fût renvoyée à l'année prochaine. On nous a répondu : Qui empêche la commission de s'en saisir? elle aura bien plus de temps pour l'étudier, si elle en est saisie dès aujourd'hui, et si elle ne s'occupe de faire le rapport qu'au commencement de la session prochaine. Ce raisonnement me plaisait; je me suis dit : tant mieux alors, que la loi vienne dès maintenant; je m'en irai avec le projet, je l'étudierai pendant l'intervalle de la session, je reviendrai avec des documents certains. J'avoue que ça me plaisait. (On rit). J'admire l'activité de la commission, mais je ne l'approuve pas. Je le répète, je m'abstiendrai de voter la loi, parce que je ne la connais pas, et aussi par le motif qu'il y aurait de grands dangers pour nous dans les avantages trop considérables qu'elle fait à l'Angleterre.

Messieurs, est-ce que vous n'entendez pas les hourras de joie qui seront proférés de l'autre côté de la Manche, quand cette loi sera votée? Je les entends, moi, et ils me font dresser les cheveux sur la tête. (On rit.) Oui, messieurs, cette loi est dans l'intérêt de la marine anglaise plutôt que dans l'intérêt de la nôtre. Elle nous enlève trois colonies et laisse les autres dans leur situation actuelle; puis la commission nous dit avec beaucoup d'éloquence : Mais vous allez avoir des transactions dans l'Inde, en Chine; vous allez créer des établissements magnifiques, vous aurez une grande extension de votre commerce.

Mon Dieu, messieurs, nous ne pouvons pas réussir à faire du commerce avec les colonies qui sont à 1 200 lieues de la métropole, et vous voulez que nous espérions en faire à 4 000 lieues! Comment y arriverez-vous? Il faut pour y arriver que vous fassiez des établissements dans les pays anglais, à Malte, à Aden; la compagnie des messageries a obtenu récemment l'autorisation de s'y réparer et de s'y approvisionner de charbon; mais croyez-vous que jamais la concurrence avec l'Angleterre nous réussira? Si notre concurrence lui cause le moindre préjudice, elle vous dira : « Allez vous établir ailleurs. » Et alors comment ferez-vous pour arriver à Saïgon, quand vous y aurez fondé un grand établissement, puisque vous n'aurez plus de ports intermédiaires?

Je le répète, je m'abstiendrai de voter cette loi, parce que je n'ai pas eu le temps de l'étudier suffisamment. Et cependant j'y ai consacré autant de temps que qui que ce soit ; je me suis levé à quatre heures du matin (on rit); j'y ai mis tout mon temps; j'ai fait toutes les objections, j'ai signalé toutes les lacunes, et, en présence de ces difficultés, je m'abstiens de voter la loi, et je serais heureux qu'on pût l'ajourner à l'année prochaine.

M. de Parieu, vice-président du conseil d'État, commissaire du Gouvernement. Messieurs, lorsque le Gouvernement a apporté la loi à cette Chambre, non pas il y a quinze jours, mais au 28 mai dernier, le sentiment de la Chambre a été, dès le premier abord, favorable; il a inspiré la nomination de commissaires qui ont rendu hommage aux motifs qui avaient animé le Gouvernement.

Vos commissaires, à l'unanimité, ont pensé que cette loi était l'accomplissement d'une sorte de dette envers les colonies; on n'avait pas pu démanteler le pacte colonial dans presque toutes ses dispositions sans produire quelques désordres, quelque inconvénient dont un système plus radical était le seul remède.

Vos commissaires ont reconnu que les plaintes des colonies étaient fondées, que depuis longtemps la balance du commerce, qui leur avait été dans l'origine favorable, leur était devenue considérablement défavorable. Vos commissaires ont reconnu que quelque chose de sérieux était à faire, et notamment que lorsqu'on avait, par exemple, accordé aux colonies la faculté de certaines importations de l'étranger, on ne leur avait fait qu'un don stérile, parce qu'en les obligeant de solder toujours leurs achats en argent, sans pouvoir solder par des produits, c'était inutiliser le bienfait qu'on leur avait accordé.

Vos commissaires, examinant la loi avec maturité, avec sérieux et aussi avec les connaissances spéciales qui sont personnelles à plusieurs d'entre eux, ont pensé que la loi était juste et était une dette envers les colonies, et qu'elle était logique autant qu'opportune.

Une seule plainte s'est fait entendre, une seule inquiétude, s'est produite dans la commission; elle élève ici la voix plus forte, et nous voulons lui répondre : c'est la plainte de la marine, la question de l'intérêt maritime.

Serait-il vrai qu'en s'occupant avec sollicitude de l'intérêt des colonies, en appréciant leurs besoins, en appréciant aussi les intérêts du commerce français et en les défendant.... car le projet ne fait qu'appliquer aux colonies une loi de protection modérée analogue à celle qui régit la France, et tout ce qui touche le commerce français intérieur, en ce qui concerne les douanes, s'applique aussi aux colonies; serait-il vrai, disais-je, qu'en examinant si sérieusement la situation des colonies, le Gouvernement eût perdu de vue l'intérêt de la marine?

D'abord, qu'est-ce que c'est que l'intérêt de la marine dans la navigation coloniale? Il peut être bon de se le demander, car enfin on veut que la marine souffre profondément de modifications apportées aux lois qui peuvent avoir une influence sur la navigation avec les colonies. Qu'est-ce que la navigation coloniale? Première question que je pose pour bien circonscrire le débat.

Il faut le reconnaître, dans l'ensemble de la navigation française, la navigation avec les colonies est très-peu de chose. Je ne prétends pas par là déprécier cet intérêt; j'en parlerai plus en détail; mais pour bien constater la situation, la part qui serait gardée aux colonies n'est pas considérable. Si vous voulez l'apprécier par des chiffres, voici ceux que donne le *tableau général du commerce* pour la navigation de 1854 à 1858, moyenne des cinq années. Je cite le tableau général officiel du commerce.

Vous pouvez voir dans ce tableau que la navigation réservée pour les colonies est à peu près, pour le nombre des navires, quatre et demi pour cent de la navigation française en général, et pour le tonnage, huit pour cent de la navigation totale.

Ainsi c'est un élément restreint. Je ne dis pas que cet élément ne soit un peu plus considérable, si on tient compte de la longueur du parcours; quoiqu'il y ait aussi dans la composition du total de notre mouvement maritime la navigation avec les possessions françaises hors d'Europe, qui est plus considérable que la navigation avec les colonies.

Ainsi c'est une petite branche de la navigation maritime de la France pour laquelle on s'inquiète; elle a cela de particulier que pendant que les autres s'accroissent, elle décroît.

Depuis longtemps l'ensemble de la navigation française est en immense progrès. Depuis vingt à trente ans, les mêmes tableaux officiels montrent que la navigation française maritime est dans des progrès considérables qui vont de trente jusqu'à cent pour cent, et même au delà de cent pour cent sur certaines branches de cette navigation.

Ainsi, dans un sens, la navigation française est en accroissement marqué; seulement la navigation avec les colonies semble souffrir. Pourquoi? Parce que la situation est fausse, parce que notre marine est appelée parfois aux colonies pour y chercher des produits quand il n'y a rien à rapporter; ou en sens inverse y manque quand elle devrait y être, parce que le monopole nuit quelquefois enfin à ceux qui l'exercent. (Très-bien!)

C'est donc un intérêt assez restreint qui se plaint et en rapport avec un besoin insuffisamment desservi; car vous avez constaté dans le savant exposé de motifs de M. Cornudet, et, si je ne me trompe, aussi dans le rapport de votre honorable collègue, M. Granier de Cassagnac, des faits qui attestent que, dans certains moments le monopole manque au service des besoins coloniaux. Le monopole cependant impose des obligations à ceux qui en sont investis, et il se trouve qu'à cause d'intérêts anciens qui la détournent, la navigation française a manqué quelquefois aux besoins des colonies.

Les faits à cet égard sont constatés. Dans cette situation, est-ce le cas de sacrifier les colonies à cette navigation qui est assez restreinte dans cette branche réservée du commerce colonial, mais dans laquelle, pour l'ensemble, se manifeste un progrès sérieux? Le Gouvernement ne l'a pas pensé. Il a estimé que, dans ce progrès constant de notre navigation, de notre commerce maritime, il ne saurait y avoir une perte bien considérable dans une modification, dans une transformation du commerce spécial avec les colonies. Je dis dans une transformation et non pas dans une destruction du commerce avec nos colonies.

Des plaintes se font entendre, et je ne saurais assez m'en étonner, car ces plaintes sont exagérées, et elles ne reposent sur rien de véritablement sérieux. J'ai entendu les honorables MM. Arman et Conseil s'inquiéter vivement de la situation qui allait être faite à notre marine, et cependant quel était leur langage dans la discussion de l'adresse? Ils s'inquiétaient alors des résultats du traité de commerce avec l'Angleterre pour notre marine; ils s'inquiétaient des paroles d'un homme d'État anglais s'efforçant de faire supprimer les bénéfices accordés à notre pavillon avec une partie de notre protection douanière.

Et quelle est la loi que nous discutons, sinon une confirmation des surtaxes protectrices de notre navigation? Est-ce que vous n'avez pas dans cette loi l'extension aux colonies de ces surtaxes dont, dans la discussion de l'adresse, il y a trois mois, on désirait le maintien? Est-ce qu'avec ces surtaxes spéciales notre commerce avec les colonies n'est pas suffisamment protégé? Est-ce que les principes protecteurs de la navigation avec les colonies ne sont pas maintenus par les surtaxes nouvellement établies?

Et puis vous dites qu'il n'y a pas de mesures transitoires; que la navigation avec les colonies n'est nullement protégée pour les premiers temps du nouveau régime.

Est-ce que la détaxe sur les sucres, qui doit durer quelques années encore, n'est pas un avantage pour le commerce français? Est-ce que ce n'est pas le moyen d'appeler les sucres des colonies sur le marché français? Est-ce que cette détaxe, si favorable, n'est pas une transition résultant de la nature des faits et de la législation actuelle?

Maintenant, dans l'amendement de quelques-uns des honorables préopinants, on voulait établir une chose singulière. On avait dit : la longueur de la durée de la détaxe sur les sucres doit être la cause et la mesure d'une faveur pour la navigation avec les colonies. On ne peut pas dire cependant qu'une faveur doit être le principe d'une autre faveur. C'est

donc avec raison que votre commission, examinant avec maturité ce projet de loi, a repoussé l'amendement proposé.

Ainsi l'ensemble des intérêts de la navigation française est
sauvegardé. D'autres raisons portent à croire que le commerce avec les colonies sera encore considérable.

Il y a une chose qui est constatée dans les documents qui
vous ont été distribués, c'est cet attachement heureux qui
existe entre les populations d'une même origine pour entre-
tenir les liens du commerce, attachement qui fait que lorsque
l'Angleterre a donné la liberté commerciale aux colonies, on
a vu les habitants de Maurice renouer immédiatement des
relations de commerce considérables avec la France. On a vu
des relations assez fortes pour qu'en 1858 le quart des navires
entrés dans l'île Maurice, qui appartient à l'Angleterre, fussent français.

M. Consett. En réparation.

M. de Parieu.... Chargés.

C'est la conséquence de ces liens d'origine si anciens qui
font que pour les goûts, les habitudes de la consommation,
tout tend à se rapprocher.

M. le comte de Kergorlay. Vous devez avoir le tonnage de ces
bâtiments.

M. de Parieu. Ces liens font que nos colonies, à égale condition ou à des conditions même un peu différentes, préfére-
ront toujours les produits de luxe de l'industrie française.

Un orateur anglais signalait il y a longtemps, en termes
heureux, ces liens qui rattachaient les colonies à la métropole.

« Cette affection étroite, disait Burke, qui naît d'un nom
commun, d'un sang fraternel, d'institutions semblables, d'une
égale protection, c'est un lien plus léger, mais plus solide
que le bronze! »

Eh bien, l'expérience a constaté cela, et à des conditions
égales et même un peu différentes, les colonies se rattache-
ront toujours, par des liens intimes, à la navigation de la
mère patrie.

De plus on a peut-être, et dans le sein de la commission
nous l'avons indiqué, on a la possibilité d'ouvrir des horizons
nouveaux à notre commerce. On commercera toujours avec
les colonies mais d'une manière différente.

Il y aura des voyages aux colonies et des colonies on ira
soit dans d'autres colonies étrangères, soit quelquefois dans

des pays de l'Europe. Par cela même que nos colonies auront la liberté d'importation et d'exportation, le commerce français profitera de l'une et de l'autre, pour des rapports avec des pays à l'égard desquels cette faculté n'existe pas aujourd'hui.

Nous avons la conviction que le progrès, le développement de la navigation et des matières qu'elle peut exporter et livrer au commerce général, profitera indirectement, à la longue, à la navigation française.

Serait-il vrai d'ailleurs que tout, dans notre temps, soit défavorable à notre marine et que rien ne lui soit favorable?

L'honorable M. Arman disait : Le monde n'est pas ouvert à la navigation du commerce français, dire le contraire est une pure métaphore. Messieurs, bien que barrières commerciales dans le monde sont tombées depuis quelques années cependant. Est-ce que l'Angleterre n'a pas émancipé ses colonies? Est-ce que les ports de la Jamaïque et de l'Inde ne sont pas dégagés des entraves qui pesaient sur le commerce de ces colonies? Est-ce que les Pays-Bas, sauf peut-être pour Java, n'ont pas aussi marché dans la voie de l'émancipation coloniale?

Eh bien, nous avons l'espérance que ce qui a fait l'état prospère des marines de ces pays, tournera aussi à la prospérité de la marine française. (Vives marques d'approbation.)

M. Ancel. Messieurs, je ne suis pas de ceux qui s'opposent au projet de loi. Je crois la loi juste en elle-même, et je la crois opportune en raison des circonstances commerciales où la France se trouve aujourd'hui. Je crois la loi juste, parce que du jour où la France a laissé le sucre de betterave grandir et se développer chez elle, au point d'en faire un concurrent dominant pour le sucre colonial, elle a rompu d'elle-même le pacte colonial, qui était un contrat réciproque.

Les colonies ont eu à supporter d'autres atteintes, elles ont eu aussi à subir l'émancipation de l'esclavage faite violemment et sans une indemnité suffisante ; elles sont, en un mot, dans une situation telle qu'elles peuvent aujourd'hui réclamer de justes dédommagements à la métropole. Elles croient que la liberté du commerce est un puissant dédommagement. Je crois qu'on ne peut la leur refuser.

Je dis que la loi est opportune; car, à raison du régime commercial nouveau qui a été inauguré avec beaucoup de rapidité, les colonies ne peuvent rester dans leur situation exceptionnelle. J'espère que la Martinique, la Guadeloupe, la Réunion, ces pays si français, si profondément attachés à la mère patrie par de longues habitudes, par des intérêts communs, conserveront longtemps les traditions de commerce avec nos ports; mais, je crois aussi que la loi qui vous est présentée et qui est favorable aux colonies, devait se préoccuper plus qu'elle ne le fait des intérêts métropolitains.

Je ne puis pas admettre avec M. le commissaire du Gouvernement que la marine française trouve de larges compensations ailleurs que dans nos colonies. Je ne puis pas admettre que la navigation réservée avec les colonies soit un point pour ainsi dire imperceptible dans l'ensemble de la navigation française.

Messieurs, il faut poser les chiffres. Les chiffres ont toute leur valeur. L'importation en France des produits des trois colonies, la Réunion, la Guadeloupe et la Martinique, ne s'est pas élevée à moins de cent mille tonnes. Eh bien ! cent mille tonnes, c'est l'emploi de deux cents navires, de cinq cents tonneaux. Un navire de cinq cents tonneaux occupe vingt hommes d'équipage; deux cents navires à vingt hommes d'équipage occupent donc quatre mille marins employés à la grande navigation. Eh bien! c'est là une part immense dans la création des éléments de l'inscription maritime parce que cette navigation est la vraie navigation, la navigation au long cours; elle n'a rien à voir avec le mélange de la navigation de rivière qui se trouve confondue dans les états généraux.

On a dit : Mais la navigation française trouvera à charger dans la mer des Antilles autre chose que des sucres; elle va à Saint-Domingue, au Brésil, à Cuba. Je le sais bien; si elle n'allait nulle part, il faudrait la supprimer du premier coup. Seulement vous lui ôtez aujourd'hui un élément considérable. Je ne sais pas et vous ne savez pas vous-mêmes jusqu'où ira cette réduction pour elle, mais si la loi ne devait amener aucune réduction dans les transports maritimes entre la France et les colonies, on ne ferait pas la loi. On fait la loi, parce qu'on pense qu'elle aura un effet quelconque, qu'elle sera efficace. Or, tous les effets qu'aura la loi seront évidemment au préjudice des transports maritimes par navires français, puisqu'ils ont tout aujourd'hui. (C'est vrai!)

Messieurs, était-ce un motif de ne pas accorder aux colonies la liberté qu'elles réclament? Non, ce n'était pas un motif.

Mais seulement la loi qui vous est présentée, au lieu d'être combinée avec d'autres mesures propres à rassurer les intérêts maritimes et commerciaux du pays, a été une loi isolée, uniquement coloniale. Voilà pourquoi mes honorables collègues avaient, selon moi, parfaitement raison d'en demander l'ajournement, afin de combiner cette loi avec des lois commerciales différentes, et de la mettre en harmonie avec le nouveau régime qu'il s'agit d'inaugurer.

M. le commissaire du Gouvernement vous a dit tout à l'heure, comme l'honorable M. Granier de Cassagnac : « Mais nous n'abandonnons pas la protection de la marine ; nous lui laissons une protection de 20 fr. par tonneau pour les marchandises venant d'en deçà du Cap, et de 30 fr. pour les marchandises venant d'au delà du Cap. »

Cela est juste, et, pour ma part, je me hâte de dire que je crois cette protection suffisante, et que la marine n'a pas à en réclamer d'autres. Mais là n'est pas la question : ce que j'entends discuter, ce sont les conditions d'infériorité relative dans lesquelles vous laisserez la marine française à l'égard des marines étrangères, alors cependant que vous voulez la protéger ; car les marines étrangères sont exonérées de l'inscription maritime et de bien d'autres charges qui pèsent sur la nôtre. Mais je ne veux pas insister ; je restreins le débat, parce que je sens combien la Chambre est impatiente. Je ne voudrais pas abuser de son attention. (Non ! non ! — Parlez ! parlez !)

Je dis donc que vous assurez au pavillon français une protection suffisante pour tous les transports à faire entre vos colonies et la métropole.

Mais vous ne lui avez accordé aucune sécurité, aucune protection contre la concurrence du pavillon étranger, qui, lui, viendra vendre des produits anglais, des produits américains, dans vos colonies, et qui remportera naturellement des sucres pour les payer. Là donc, aucune protection.

Pouviez-vous créer une protection pécuniaire, un droit financier ? J'avoue que cela pouvait présenter des difficultés ; mais quelle est la protection bien légitime et bien loyale que vous demandent les ports de mer ? Ils vous demandent de mettre vos tarifs des sucres en harmonie, en état de comparaison, de proportion équitable, exacte, avec les tarifs des pays contre lesquels vous les appelez aujourd'hui à lutter. Voilà toute la question.

Eh bien, vous avez fait l'année dernière une loi des sucres, qui supposait deux sortes de sucre en France : le sucre indigène et le sucre colonial.

Aujourd'hui le sucre colonial va avoir une dérivation différente, en tant, du moins, qu'il voudra la prendre. Votre loi des sucres n'est plus en harmonie avec l'état de choses pour lequel vous l'avez faite.

L'Angleterre, comme on vous l'a dit dans la discussion, a un régime de droits différents du vôtre; vous n'avez qu'un droit, le droit fixe de 25 fr. pour le sucre brut. L'Angleterre à quatre types, c'est-à-dire quatre droits différents proportionnés aux qualités différentes. Les États-Unis en ont trois.

A coup sûr, il y a, dans cette combinaison de tarifs, des différences qui peuvent profiter à certains sucres, et contre lesquelles vous n'êtes pas prémunis. Vous n'empêcherez pas ces sucres-là de dévier vers l'Angleterre et vers les États-Unis avec avantage.

Eh bien, il faut tout prévoir. Une loi est un acte de prévision. Il ne faut pas se laisser gagner par les faits et ne remédier au mal que quand il est accompli.

Nous voyons tout ce qui se passe aux États-Unis. Je suis de ceux qui espèrent que l'œuvre de Washington ne périra pas, que ce grand pays qui, en moins d'un siècle de durée, s'est mis au rang des plus grands États politiques et commerciaux du monde, ne verra pas son admirable prospérité s'écrouler dans les fureurs d'une guerre civile insensée. (Très-bien !) Cependant, nous ne pouvons pas nous dissimuler que la pensée de l'esclavage est atteinte; l'abolition de l'esclavage est dans l'avenir, et, je dirai volontiers, dans l'honneur de l'humanité. (Très-bien ! très-bien !)

Le jour où le travail esclave n'existera plus aux États-Unis, pensez-vous que la production ne sera point considérablement réduite? Il y a des circonstances de fait dominantes qui la réduiront encore plus que vous ne le pouvez supposer. Le sol de la Louisiane, partie des États-Unis qui produit surtout le sucre, n'est pas comparable au sol des Antilles. Là il faut que la récolte s'accomplisse en très-peu de mois par le travail forcé, par le travail esclave. Le jour où le travail esclave n'y sera plus, la production diminuera dans une proportion que l'on ne saurait déterminer. Où les États-Unis iront-ils chercher des sucres pour parer à l'insuffisance de leur production? Évidemment dans nos colonies. Je ne m'en plains pas pour les colonies ; je dis seulement que vous devez mettre les intérêts de la navigation française en état de lutter avec les nouveaux concurrents que vous lui créez. Et puisque le tarif américain est, avec ses dégradations, plus favorable au genre de sucres produits par nos colonies que ne l'est notre tarif unique, il convient d'aviser.

Messieurs, on a dit avec raison que les colonies ne pouvaient pas être victimes des préférences, des exigences même de votre marine. On a parfaitement raison ; et, pour ma part, je ne voudrais pas plus opprimer ce sol français, situé à 1800 lieues, qui s'appelle les colonies, que je n'opprimerais le département de tel ou tel de nos honorables collègues. Mais cependant il faut raisonner en hommes politiques, en hommes faisant les lois, comme nous les faisons. Il n'y a pas de département en France qui coûte au budget français ce que peuvent coûter les colonies.

M. Granier de Cassagnac, rapporteur. Pardon ! Paris coûte au moins quinze fois plus cher.

M. Ancel. Si nous discutions Paris, il y aurait beaucoup de choses à dire. Mais vous m'accorderez bien qu'il serait illogique, je pourrais même employer une expression plus forte, de dire que la France continuera à supporter les charges qui résultent pour elle de ses possessions coloniales, et qu'elle en laissera dériver les profits vers des pays rivaux, qui s'appellent l'Angleterre et les États-Unis.

Voilà ce que vous ne voudrez pas, voilà ce que personne ne pourrait vouloir.

Je crains, quant à moi, que la fabrication coloniale, que l'on dit être en voie d'amélioration, ne réponde pas à cet espoir; car ce qui manque aux colonies, pour améliorer leur fabrication, ce sont les capitaux : l'émancipation commerciale fera-t-elle affluer chez elles les capitaux et se développer le crédit? Il est permis d'en douter; mais, quand même cela serait, quand même leur fabrication s'améliorerait, il restera toujours une grande part de la fabrication inférieure en qualité, et qui ne demandera qu'à dévier, je le crains, vers des pays autres que la France.

Je ne demande pas que ce genre de sucres ne puisse jamais aller ni en Angleterre, ni aux États-Unis; si nous le demandions, nous ne ferions pas une chose sérieuse; mais je demande qu'ils n'y aillent pas forcément en raison de la combinaison de nos tarifs.

La révision de la loi des sucres est d'autant plus nécessaire, selon moi, que, depuis que nous l'avons faite, des traités sont intervenus, avec la Belgique par exemple, et que d'autres traités sont en voie d'intervenir avec Zollverein, avec l'Allemagne. Eh bien! les concessions qui sont faites à ces pays peuvent devenir extrêmement menaçantes, non pas seulement pour les sucres des colonies, mais pour notre sucre indigène, pour tous les genres de sucres français.

Il y a donc lieu de revoir cette loi des sucres, pour la mettre en harmonie avec les circonstances qui se sont produites depuis qu'elle a été faite. Voilà pourquoi je crois que mes honorables collègues étaient très-fondés à demander que le projet de loi actuel fût ajourné jusqu'à ce qu'on pût présenter un ensemble de projets et de combinaisons....

Quelques voix. Le renvoi à la commission!

M. Auguste Chevalier. Non, non! votons aujourd'hui!

M. Ancel. Il ne faut pas oublier que la marine marchande est, quoi qu'on en dise, l'élément le plus sérieux, le plus essentiel de la marine militaire.

On dit aujourd'hui qu'on ne lui ôtera qu'une partie des transports réservés aux colonies, et que c'est peu de chose!

Il y a quelque temps, messieurs, dans une autre enceinte, on discutait un article de traité relatif à la pêche des côtes, et qui réduit l'emploi d'un certain nombre de marins, et on a dit aussi : « Cela est peu de chose! »

Eh bien! on a entendu les plus illustres représentants de la marine française dire, avec cette mâle éloquence dont ils ont puisé l'inspiration dans ces grands spectacles de la mer, dans ces grandes luttes au milieu desquelles ils ont tant vécu, que l'on appauvrissait les éléments de notre puissance navale, vous les avez entendus protester avec énergie contre cette diminut   partielle de notre force maritime....— On ne leur a pas répo du.

M. Auguste Chevalier. On leur a répondu au contraire parfaitement.

M. Ancel. On ne leur a pas répondu victorieusement; et quand ils ont défendu l'inscription maritime tant attaquée, qui donc a produit une doctrine différente de la leur?

M. Auguste Chevalier. Le ministre du commerce a parfaitement répondu.

M. Ancel. Si l'inscription maritime n'est plus indispensable, qu'on en décharge la marine marchande, et alors vous lui

7

assurez de grandes facilités qu'elle n'a pas; mais si elle reste nécessaire, il faut tenir compte aux armements de cette charge, et je dis que la loi qu'on nous propose, l'émancipation absolue des colonies sans tarifs combinés pour assurer à la navigation des ressources égales à celles que possèdent les marines rivales, peut renfermer un péril.

Plusieurs voix. Très-bien!

M. Cornudet, conseiller d'État, commissaire du gouvernement. Je ne veux répondre que quelques mots aux observations de l'honorable M. Ancel.

Et d'abord je demande la permission de constater que, au commencement de son discours, M. Ancel a déclaré que, dans son opinion, la loi était juste et qu'elle était opportune. Seulement M. Ancel insiste sur ce point, qu'avant le vote de la loi il y aurait eu certaines précautions à prendre, et notamment à réviser la loi sur les sucres.

Déjà, par avance, l'honorable M. Granier de Cassagnac, rapporteur de votre commission, avait indiqué, précisé même, quel était, dans l'état actuel des choses, et sous l'empire de la loi du 23 mai 1860, pour les colonies, l'avantage du marché français. Qu'il me soit permis d'ajouter quelques détails de plus à ceux déjà donnés sur ce point par l'honorable M. Granier de Cassagnac. J'ai entre les mains un document qui m'est arrivé ce matin, et qui émane de celui mêmes des membres de la chambre de commerce du Havre, qui a formulé les objections relatives à la loi des sucres; et, de ce document et des chiffres qui y sont donnés, chiffres qui correspondent aux ventes faites sur les marchés de Londres et du Havre, le 24 juin, et à New-York à la dernière date connue, il résulte ceci: c'est qu'à New-York les prix étaient, pour les sucres de qualités analogues à ceux des Antilles, de quarante-six francs quarante-neuf centimes, déduction faite des droits, tandis qu'à Londres les mêmes sucres valaient cinquante-huit francs soixante-cinq centimes, toujours déduction faite des droits, et au Havre soixante francs soixante centimes.

M. Pouyer-Quertier. Et la crise américaine!...

M. le commissaire du gouvernement. Laissez-moi achever!

Je n'ai pas besoin de dire que je tiens grand compte de la crise américaine. Je sais parfaitement que ce prix de quarante-six francs quarante-neuf centimes est le résultat de la crise américaine. Je sais parfaitement que le marché de Londres peut être, dans une certaine mesure, influencé par la crise américaine. Mais il y a, entre le marché de Londres et celui du Havre, une différence de deux francs, qui existait aussi il y a deux mois, à une époque où la crise américaine ne pouvait pas encore avoir d'influence sur le marché de Londres. De plus, cette différence de deux francs entre le marché du Havre et le marché de Londres, au profit du marché du Havre, elle a presque constamment existé, je crois pouvoir le déclarer sans me tromper, depuis le commencement de l'année. Voilà le fait. En l'état des choses, il n'y aurait donc pas d'inquiétude à avoir. Les colons des Antilles ont intérêt à continuer l'envoi de leurs produits sur notre marché.

Mais on insiste, et on dit : quand une fois la loi actuelle sera votée, quand les colonies pourront transporter directement sur les marchés de Londres et de New-York leurs produits, il arrivera qu'ils y trouveront un avantage relatif résultant de ce que les tarifications de ces deux pays tiennent compte de la plus ou moins grande pureté des sucres dont la tarification française ne tient pas compte. Les raffineurs, car je complète l'argument de l'honorable M. Ancel d'après les documents qui m'ont été fournis au nom de la chambre de commerce à laquelle il appartient, les raffineurs de France ayant plus d'avantage à acheter du sucre de qualité supérieure que du sucre de basse qualité quand les droits sont les mêmes sur les deux qualités, négligeront, dédaigneront les sucres de qualité inférieure, ceux des Antilles, et rechercheront de préférence les sucres de qualité supérieure ; il faudra bien alors que les sucres des Antilles s'en aillent à l'étranger.

Je réponds que si telle devait être la conséquence de la loi du 23 mai 1860, cette conséquence se serait déjà produite et particulièrement depuis le décret du 17 janvier 1861, qui a supprimé la surtaxe sur les sucres étrangers.

En effet, à partir tout au moins du mois de janvier 1861, les raffineurs français ont eu la possibilité de se procurer des sucres étrangers de toute qualité ; ils ont pu par conséquent faire l'opération dont on parle, cette opération qui leur offre des avantages, dédaigner les sucres inférieurs, n'accepter que les sucres supérieurs. L'ont-ils fait depuis le 17 janvier 1861 ? Non ! s'ils l'avaient fait, les sucres des Antilles auraient baissé, comme il arrive toujours quand l'offre d'une denrée est supérieure à la demande. Ils n'ont pas baissé ; il y a toujours eu, depuis le mois de janvier 1861, entre les sucres sur le marché de Londres et les sucres sur le marché du Havre, déduction faite des droits, une différence au profit du marché du Havre de deux francs au moins.

Messieurs, les lois de douanes sont des lois essentiellement subordonnées aux faits. A l'heure qu'il est, les faits sont ceux que je viens d'indiquer, et ne confirment nullement les craintes sur lesquelles on a insisté.

M. Ancel. L'année dernière c'était tout le contraire!

M. le commissaire du gouvernement. A l'heure qu'il est, il y a pour les produits des Antilles des avantages qui les attirent sur le marché français. S'il en est autrement, dans un délai plus ou moins éloigné, après que la loi nouvelle sera votée et mise en pratique, cette loi, que l'honorable M. Ancel considère comme juste et opportune, c'est alors qu'il sera temps d'aviser, et de refaire, s'il y a lieu, la loi des sucres, en raison de la situation nouvelle qui se sera produite. (*Très-bien! très-bien!*) Mais faire des prévisions qui peuvent être démenties par les faits, je le déclare, cela me paraît essentiellement téméraire.

J'ajoute qu'on aura parfaitement le temps d'aviser, car les relations avec les pays étrangers et les colonies ne s'improvisent pas, et c'est pour cela que la prorogation du délai d'exécution, demandée par l'honorable M. Arman et par quelques autres membres de cette chambre, n'avait réellement pas de raison d'être. On suppose qu'au moment même où la loi sera rendue, à l'instant même le courant commercial va se détourner, puis va cesser d'exister entre les colonies et la France, et se reporter sur les nations étrangères. Cela est contraire à la nature des choses, contraire à toutes les expériences faites. Il ne faut pas raisonner ainsi; et si vous raisonniez ainsi, si vous aviez la prétention de liquider en un an toute la dette coloniale, savez-vous ce que vous feriez? Vous mettriez les colonies en faillite; vous traiteriez les colonies comme les créanciers d'un négociant failli traitent leur débitant.

M. Ancel. Nous ne demandons rien de pareil!

M. le commissaire du gouvernement. Permettez-moi d'achever!

J'ai répondu à l'honorable M. Ancel; je dis maintenant quelques mots en réponse à l'honorable M. Arman. Je répète que si les colonies étaient mises en demeure de liqui-

der leurs dettes immédiatement, elles seraient mises en état
de faillite. Il faudrait que non-seulement leur première récolte, mais plusieurs récoltes peut-être, vinssent ici en France
s'absorber entre les mains de leurs créanciers des ports,
qu'il n'en retournât rien aux colonies, et que les colonies
fussent absolument dans l'impossibilité de continuer leurs
opérations avec les ports. Je vous le demande, est-ce qu'il
n'est point intéressant pour les ports eux-mêmes que cette
liquidation se prolonge, et soit précisément l'occasion de
nouvelles opérations entre les ports et les colonies?

Je termine en disant : A notre avis, la loi est juste, on l'a
reconnu; à notre avis, la loi est opportune, on l'a reconnu.

J'ajoute ce qu'on ne reconnaît pas aussi bien, mais ce que
les faits ont constaté partout, que jamais la rupture des pactes
coloniaux n'a été l'occasion de la rupture des relations commerciales entre les colonies et leurs métropoles.

J'ajoute que les ports n'ont rien à craindre de la loi nouvelle; qu'elle ne compromettra en rien leurs intérêts, et ainsi
se trouvera une fois de plus confirmée cette belle loi morale
d'après laquelle les intérêts légitimes et les principes justes
sont toujours d'accord. (Très-bien! très-bien! — Aux voix!)

M. le président. Je donne lecture de l'article 1ᵉʳ :

« Art. 1ᵉʳ. Toutes les marchandises étrangères dont l'importation est autorisée en France, peuvent être importées
dans les colonies de la Martinique, de la Guadeloupe et de la
Réunion. (Adopté.)

« Art. 2. Les marchandises étrangères sont assujetties, à
leur importation aux colonies, aux mêmes droits de douane
que ceux qui leur sont imposés à leur importation en France.

« Toutefois, un décret rendu dans la forme des règlements
d'administration publique, qui sera soumis au Corps législatif dans la session qui suivra sa promulgation, pourra convertir en droits spécifiques les droits *ad valorem* pour lesquels
cette conversion sera jugée nécessaire. » (Adopté.)

« Art. 3. Les marchandises étrangères peuvent être importées aux colonies sous tous pavillons.

« Importées par navires étrangers, elles sont soumises à
une surtaxe de pavillon réglée ainsi qu'il suit, par tonneau
d'affrétement :

Des pays d'Europe ainsi que des pays non européens situés sur la Méditerranée...................	A la Réunion......	30 fr.
	Aux Antilles......	20

Des pays situés sur l'océan Atlantique, non compris la ville du Cap et son territoire..........................	A la Réunion......	20 fr.
	Aux Antilles......,....	10
Des pays situés sur le grand Océan, y compris la ville du Cap et son territoire............................	A la Réunion......	10
	Aux Antilles......	20 »

(Adopté.)

« Art. 4. Les marchandises étrangères actuellement admises aux colonies continueront à être régies par les tarifs résultant des lois, ordonnances et décrets qui en ont autorisé l'importation, dans tous les cas où les droits de douane ou les surtaxes de pavillon, établis par les dispositions qui précèdent, seraient supérieurs à ceux qui ont été fixés par les tarifs existants. » (Adopté.)

« Art. 5. Les produits étrangers dont les similaires français sont soumis actuellement à un droit de douane à leur entrée aux colonies, acquittent le même droit augmenté de celui qui est fixé par le tarif de France. » (Adopté.)

« Art. 6. Les produits des colonies à destination de la France, et les produits de la France à destination des colonies, peuvent être transportés sous tous pavillons.

« Lorsque les transports sont effectués sous pavillon étranger, il est perçu une surtaxe de 30 francs, par tonneau d'affrétement, sur les produits à destination ou en provenance de la Réunion; de 20 francs sur les produits à destination ou en provenance de la Martinique et de la Guadeloupe.» (Adopté.)

« Art. 7. Les colonies peuvent exporter sous tous pavillons leurs produits, soit pour l'étranger, soit pour une autre colonie française, pourvu que cette colonie soit située en dehors des limites assignées au cabotage. » (Adopté.)

« Art. 8. Les produits des colonies, autres que le sucre, les mélasses non destinées à être converties en alcool, les confitures et fruits confits au sucre, le café et le cacao, importés en France par navires français, sont admis en franchise de droits de douane. » (Adopté.)

« Art. 9. La composition du tonneau d'affrétement sera déterminée par un décret rendu dans la forme des règlements d'administration publique. » (Adopté.)

« Art. 10. La présente loi sera exécutoire à partir du 1er septembre 1861. »

M. le président. Sur l'article 10, M. Arman a demandé la parole.

M. Arman. Messieurs, je proteste de toutes mes forces contre l'induction que M. le commissaire du Gouvernement a cru pouvoir tirer de mes paroles.

Loin de vouloir porter atteinte à la prospérité commerciale des colonies, loin de vouloir mettre les colonies en faillite, notre intention est de lier plus étroitement les colonies à la métropole par l'entremise du commerce des ports; et mes paroles auraient bien mal traduit ma pensée si elles avaient pu laisser dans l'esprit de mon honorable contradicteur une idée semblable à celle qu'il a exprimée vis-à-vis de moi.

Je dirai à l'honorable conseiller d'État que s'il veut rapprocher ses paroles actuelles de celles qu'il a prononcées dans le comité secret, il verra qu'alors nous n'étions pas si en désaccord. Eh bien, ce que je demande, c'est que, dans l'intérêt des colonies, de la marine et des ports, on renvoie l'article 10 à la commission; je le demande aux termes de l'article 66 de notre règlement. C'est la première fois que nous aurons fait usage de ce droit. (*Bruit.*)

Plusieurs membres. Appuyé! Appuyé!

M. Cornudet, conseiller d'État, commissaire du gouvernement. Je demande la permission de répondre un mot.

Je commence par déclarer que je n'ai jamais eu la pensée d'imputer à l'honorable M. Arman l'intention de vouloir mettre les colonies en état de faillite; je me suis servi de ce mot, parce que je ne considère que la portée; une liquidation immédiate à laquelle on contraindrait les colonies avant qu'elles puissent ouvrir des relations avec l'étranger, serait une sorte de mise en faillite. Telle n'est pas l'intention de l'honorable membre assurément; mais ce qu'il demande aurait cette conséquence, voilà ce que j'ai voulu dire.

En ce qui touche le renvoi de l'article en discussion à la commission, afin d'obtenir un nouveau délai, afin d'obtenir peut-être que la loi ne soit pas votée cette année.

M. Arman. Je ne demande pas l'ajournement à l'année prochaine, mais le changement de la date d'exécution.

M. le commissaire du gouvernement. J'ai encore, si la Chambre me le permet, une observation presque personnelle à lui présenter.

L'honorable membre a fait allusion aux paroles que j'ai eu l'honneur de prononcer dans le sein de la Chambre en comité secret. Je demande la permission de donner une explication sur ce point.

La loi, il faut le reconnaître, avait été présentée un peu tardivement et quand la session était très-avancée; il n'avait pas été matériellement possible de la présenter plus tôt.

C'était le 28 mai que la loi avait été présentée; c'était le 1er juin que la distribution de l'exposé des motifs avait eu lieu. La Chambre devait cesser ses travaux le 19 juin. Il n'y avait par conséquent que trois semaines à peine pour étudier la loi, et encore le comité secret avait été retardé et n'avait eu lieu que dans les premiers jours de juin, je ne me rappelle pas exactement la date.

M. le vicomte Reille. Le 4 juin.

M. le commissaire du gouvernement. A ce moment, nous avons déclaré à la Chambre, au nom du gouvernement, qu'il ne croyait pas pouvoir insister pour que nécessairement la loi fût votée cette année. Ce n'était pas que nous ne fussions très-préoccupés des inconvénients considérables que pouvait avoir l'ajournement de la loi à l'année prochaine; mais nous étions trop respectueux des droits de la Chambre pour insister auprès d'elle et lui montrer d'une manière trop vive quelles étaient les nécessités de cette urgence; nous nous en sommes rapportés à l'examen qu'elle ferait elle-même, à l'examen de sa commission sur la question d'urgence.

Nous nous en sommes remis à l'appréciation même de la Chambre, par respect, je le répète, pour ses droits. Mais nous ne lui avons pas dissimulé qu'il serait très-utile pour les colonies d'avoir cette loi le plus tôt possible, qu'il y avait aux colonies des souffrances très-vives, et que chaque année de retard était un degré de souffrance de plus imposé aux colonies sans véritable et sérieux motif.

La Chambre a bien voulu apprécier notre réserve; mais, en même temps, elle a merveilleusement compris, et sans qu'il fût besoin d'insister auprès d'elle sur ce point, que la loi était très-urgente et, si je suis bien informé, quelques-uns même des bureaux de la Chambre, en nommant leurs commissaires, ont exprimé le vœu que la loi fût discutée et votée cette année. (*C'est vrai! c'est vrai!*)

Ce vœu ne liait pas la commission assurément; mais, dans son zèle et dans son esprit de justice, elle a voulu mettre toute la diligence possible dans l'examen de la loi, et certes elle vous a prouvé qu'en bien peu de temps on pouvait l'étudier, l'étudier très à fond, et la discuter en parfaite connaissance de cause.

Nous croyons donc, en définitive, que la loi est parfaitement étudiée, que la Chambre est tout à fait en mesure de prendre son parti, et je crois que je ne serai pas démenti, après la discussion que vous venez d'entendre. (*Marques d'assentiment.*)

Maintenant faut-il que la Chambre use de son droit et renvoie à sa commission pour obtenir un nouveau délai? Quel serait l'intérêt? Nous venons de le dire; il n'est pas possible pour les ports d'obtenir une liquidation immédiate; cela serait désastreux pour les colonies, cela serait désastreux pour les ports eux-mêmes, car c'est alors, messieurs, que la rupture des relations commerciales se ferait de la manière la plus évidente entre la France et les colonies, puisque les colonies, abandonnant toute leur récolte aux ports pour payer leur dette, seraient hors d'état de recommencer de nouvelles opérations, même avec les ports.

Messieurs, nous croyons que la loi est suffisamment étudiée, qu'elle peut être votée et qu'elle n'offre point de danger dans son exécution.

Que la Chambre me permette d'ajouter un mot : il faut qu'elle le sache, les représentants des ports, ceux mêmes qui voudraient qu'avant la mise à exécution de la loi nouvelle on revisât la tarification des sucres, déclarent (j'en ai la preuve au dossier) que le privilége colonial a été un fléau pour le pays, et qu'il a arrêté le développement de notre commerce maritime. Par conséquent, plus tôt notre commerce maritime sera débarrassé de ce fléau, je me sers des termes mêmes des documents que j'ai sous les yeux, mieux cela vaudra pour le commerce maritime, et il faut que la loi soit votée et mise à exécution le plus tôt possible. (*Oui! oui! — Aux voix !*)

M. le président. J'explique à la Chambre la portée du vote qu'elle est appelée à émettre.

L'honorable M. Arman a demandé le renvoi à la commission; or les membres qui seront d'avis de renvoyer l'article 10 à la commission devront voter contre cet article; ceux qui, au contraire, seront d'avis de l'adoption immédiate du projet de loi devront voter pour ce même article.

M. de Parieu, vice-président du conseil d'État, commissaire du gouvernement. On demande le renvoi à la commission en vue d'un ajournement d'exécution. Je me borne à faire observer que la commission s'est expliquée déjà sur la question d'ajournement, et qu'elle a conclu, à cet égard, au rejet.

M. Arman. La commission a conclu, mais la Chambre n'a pas statué.

M. Ancel. La commission s'efface dans ce moment-ci!

M. de Parieu, commissaire du gouvernement. Je veux dire seulement, par mon observation, que la question n'est pas nouvelle.

Quelques voix. Faites voter l'article 10, monsieur le président!

M. le président. Ce n'est pas une question nouvelle; mais enfin, quand un membre demande le renvoi à la commission, je dois dire en quelle forme il peut être statué par la Chambre. Je l'indique de nouveau : l'adoption de l'article serait l'adoption pure et simple du projet de loi; le rejet de l'article signifierait renvoi à la commission. (*C'est cela!*)

Sur ces explications, je mets l'article aux voix.

(L'article 10 mis aux voix est adopté.)

M. le président. Il va être procédé au scrutin sur l'ensemble du projet de loi.

(Il est procédé au scrutin.)

Voici le résultat du dépouillement :

Nombre de votants......................	244
Majorité absolue........................	123
Pour...................................	243
Contre.................................	1

Le Corps législatif a adopté.

Une voix. Ainsi, après un débat si vif, il n'y a qu'un opposant!

6° Rapport fait au Sénat par M. Michel Chevalier.

Séance du 28 juin.

M. le président. La parole est à M. Michel Chevalier, rapporteur de la commission chargée d'examiner la loi relative au régime des douanes aux colonies de la Martinique, de la Guadeloupe et de la Réunion.

M. Michel Chevalier, rapporteur. Messieurs les sénateurs, les rapports commerciaux entre la France et ses colonies avaient été réglés par un ensemble de dispositions très-restrictives qui constituaient ce qu'on appelait le *pacte colonial*. La pensée qui l'avait dicté était de réserver à la France exclusivement l'approvisionnement de ses colonies, et aux colonies l'approvisionnement de la France en sucre, car c'est sur la production du sucre que s'est depuis longtemps concentrée la culture coloniale; le sucre étranger n'entrait en France, pendant bien des années après 1816, que sous des droits très-élevés qui l'excluaient de la consommation et ne le laissaient arriver que pour être réexporté après raffinage.

Ce système étroitement prohibitif était en harmonie avec le régime colonial adopté par les autres puissances avant la révolution française.

L'industrie du sucre indigène vint faire une large brèche au pacte colonial; et puis, sous la pression des circonstances et dans l'intérêt du consommateur, les droits sur le sucre étranger avaient été successivement diminués. Même avec la faculté qui avait été accordée aux colonies de tirer de l'étranger un certain nombre de denrées telles que la farine, et d'articles de première nécessité tels que les bois de construction, et de vendre à d'autres qu'à la France les bas produits des sucreries, ainsi que quelques récoltes accessoires, le pacte colonial n'existait plus dans des conditions de réciprocité et d'équité qui le rendissent supportable pour les colonies. Leur dépendance par rapport à la navigation leur était particulièrement préjudiciable.

Tel était l'état des choses lorsque le traité de commerce conclu avec l'Angleterre, le 23 janvier 1860, inaugura une politique commerciale franchement libérale qui rendait désormais impossible le maintien des prohibitions entre nos colonies et la métropole.

La loi sur les douanes de la Martinique, de la Guadeloupe et de la Réunion, qui est soumise à votre examen, a pour but d'appliquer à ces trois colonies si intéressantes la pensée que d'autres puissances ont mise en pratique pour leurs propres colonies avec un succès éclatant; il s'agit d'étendre à ces trois colonies le nouveau régime économique et commercial de la mère patrie. Sauf quelques exceptions indiquées dans le texte de la loi, le même tarif douanier qui sera en vigueur en France s'appliquera aussi dans ces trois îles.

Elles auront la liberté d'exporter toutes leurs productions à l'étranger, y compris les sucres, de même que la France tire déjà du sucre, sans compter les autres denrées coloniales, de tous les pays producteurs indistinctement. Elles pourront, pour le transport de leurs produits en France, se servir de tous les pavillons. Toutefois, la loi établit une surtaxe de pavillon qui est très-sensible. Elle n'est pas de moins de 36 fr. par tonneau d'affrètement pour la Réunion et de 24 fr. pour la Martinique et la Guadeloupe.

Indépendamment des droits de douanes, une surtaxe de pavillon frappera les produits étrangers quand ils se présenteront dans ces colonies autrement que par navires français.

Sous ce nouveau régime tel qu'il est formulé par la présente loi, les colonies françaises seront loin encore d'avoir pour leur commerce le degré de liberté dont jouissent les colonies d'autres puissances. Cependant les conditions de la dépendance dans laquelle elles vivent par rapport à la métropole seront fort adoucies, et il est hors de doute qu'elles se trouveront placées déjà de manière à faire des progrès considérables.

La loi laisse au règlement d'administration publique le soin de statuer sur divers points qui ne sont pas sans importance, comme, par exemple, le remplacement des droits *ad valorem* par des droits spécifiques, si la nécessité s'en faisait sentir, et la consistance des tonneaux d'affrètement. Cette disposition était commandée par la prudence et autorisée par les précédents.

Telle est, messieurs les sénateurs, l'économie de la loi.

Votre commission n'y a rien trouvé qui ne fût parfaitement conforme à la constitution. En conséquence, elle a l'honneur de vous proposer de déclarer que le Sénat ne s'oppose pas à la promulgation de la loi.

(Le Sénat décide que la délibération aura lieu immédiatement.)

M. Dariste, l'un des secrétaires élus, donne lecture du texte de la loi.

M. le président. Personne ne demandant la parole, le scrutin est ouvert.

Voici le résultat de cette opération :

Nombre de votants. 87
Bulletins blancs. 87

(En conséquence, le Sénat déclare ne pas s'opposer à la promulgation de la loi.)

7° Loi sur le régime des douanes aux colonies de la Martinique, de la Guadeloupe et de la Réunion.

Du 3 juillet 1861.

NAPOLÉON, par la grâce de Dieu et la volonté nationale, EMPEREUR DES FRANÇAIS, à tous présents et à venir, SALUT.

AVONS SANCTIONNÉ ET SANCTIONNONS, PROMULGUÉ ET PROMULGUONS ce qui suit :

LOI.

Extrait du procès-verbal du Corps législatif.

LE CORPS LÉGISLATIF A ADOPTÉ LE PROJET DE LOI dont la teneur suit :

Art. 1er. Toutes les marchandises étrangères dont l'importation est autorisée en France, peuvent être importées dans les colonies de la Martinique, de la Guadeloupe et de la Réunion.

Art. 2. Les marchandises étrangères sont assujetties, à leur importation aux colonies, aux mêmes droits de douane que ceux qui leur sont imposés à leur importation en France.

Toutefois, un décret rendu dans la forme des règlements d'administration publique, qui sera soumis au Corps législatif dans la session qui suivra sa promulgation, pourra convertir en droits spécifiques les droits *ad valorem* pour lesquels cette conversion sera jugée nécessaire.

Art. 3. Les marchandises étrangères peuvent être importées aux colonies sous tous pavillons.

Importées par navires étrangers, elles sont soumises à une surtaxe de pavillon réglée ainsi qu'il suit, par tonneau d'affrètement :

Des pays d'Europe, ainsi que des pays non européens situés sur la Méditerranée.	A la Réunion......	30 fr.
	Aux Antilles......	20
Des pays situés sur l'océan Atlantique, non compris la ville du Cap et son territoire.	A la Réunion......	20 fr.
	Aux Antilles......	10

| Des pays situés sur le grand Océan, y compris la ville du Cap et son territoire. | A la Réunion...... 10 fr. |
| | Aux Antilles...... 20 |

Art. 4. Les marchandises étrangères actuellement admises aux colonies continueront à être régies par les tarifs résultant des lois, ordonnances et décrets qui en ont autorisé l'importation, dans tous les cas où les droits de douane ou les surtaxes de pavillon, établis par les dispositions qui précèdent, seraient supérieurs à ceux qui ont été fixés par les tarifs existants.

Art. 5. Les produits étrangers dont les similaires français sont soumis actuellement à un droit de douane à leur entrée aux colonies, acquittent le même droit augmenté de celui qui est fixé par le tarif de France.

Art. 6. Les produits des colonies à destination de la France, et les produits de la France à destination des colonies, peuvent être transportés sous tous pavillons.

Lorsque les transports sont effectués sous pavillon étranger, il est perçu une surtaxe de 30 francs, par tonneau d'affrètement, sur les produits à destination ou en provenance de la Réunion, de 20 francs sur les produits à destination ou en provenance de la Martinique et de la Guadeloupe.

Art. 7. Les colonies peuvent exporter sous tous pavillons leurs produits, soit pour l'étranger, soit pour une autre colonie française, pourvu que cette colonie soit située en dehors des limites assignées au cabotage.

Art. 8. Les produits des colonies, autres que le sucre, les mélasses non destinées à être converties en alcool, les confitures et fruits confits au sucre, le café et le cacao, importés en France par navires français, sont admis en franchise de droits de douane.

Art. 9. La composition du tonneau d'affrètement sera déterminée par un décret rendu dans la forme des règlements d'administration publique.

Art. 10. La présente loi sera exécutoire à partir du 1ᵉʳ septembre 1861.

Délibéré en séance publique, à Paris, le 26 juin 1861.

Le Président,
Signé : Comte de MORNY.

Les Secrétaires,
Signé : VERNIER, DE SAINT-GERMAIN, marquis DE TALHOUET, comte LE PELETIER D'AUNAY.

Extrait du procès-verbal du Sénat.

Le Sénat ne s'oppose pas à la promulgation de la loi relative au régime des douanes aux colonies de la Martinique, de la Guadeloupe et de la Réunion.

Délibéré et voté en séance, au palais du Sénat, le 28 juin 1861.

Le Président,
Signé : TROPLONG.

Les Secrétaires,
Signé : A. DARISTE, O. DE BARRAL, baron T. DE LACROSSE.

Vu et scellé du sceau du Sénat :
Le Sénateur Secrétaire du Sénat,
Signé : Baron T. DE LACROSSE.

MANDONS ET ORDONNONS que les présentes, revêtues du sceau de l'État et insérées au *Bulletin des Lois*, soient adressées aux cours, aux tribunaux et aux autorités administratives, pour qu'ils les inscrivent sur leurs registres, les observent et les fassent observer, et notre ministre secrétaire d'État au département de la justice est chargé d'en surveiller la publication.

Fait au palais des Tuileries, le 3 juillet 1861.

Signé : NAPOLÉON.

Vu et scellé du grand sceau :
Le Garde des Sceaux, Ministre
Secrétaire d'État au département de la justice,
Signé : DELANGLE.

Par l'Empereur :
Le Ministre d'État,
Signé : A. WALEWSKI.

PARIS. — IMPRIMERIE DE CH. LAHURE ET Cie
Rues de Fleurus, 9, et de l'Ouest, 21

La **Revue maritime et coloniale** paraît tous les mois.

On s'abonne chez M. CHALLAMEL aîné, libraire-commission-
naire pour les Colonies, l'Algérie et l'Orient, 30, rue des
Boulangers.

PRIX DE L'ABONNEMENT.

Pour la France et pour l'Algérie, 25 francs; — pour les Colonies
françaises, 35 francs; — pour l'Étranger, *les frais de poste
en sus.*

Les abonnements se prennent pour un an, à partir
du 1er janvier.

Paris. — Imprimerie de Ch. Lahure et Cie, rues de Fleurus, 9, et de l'Ouest, 21.

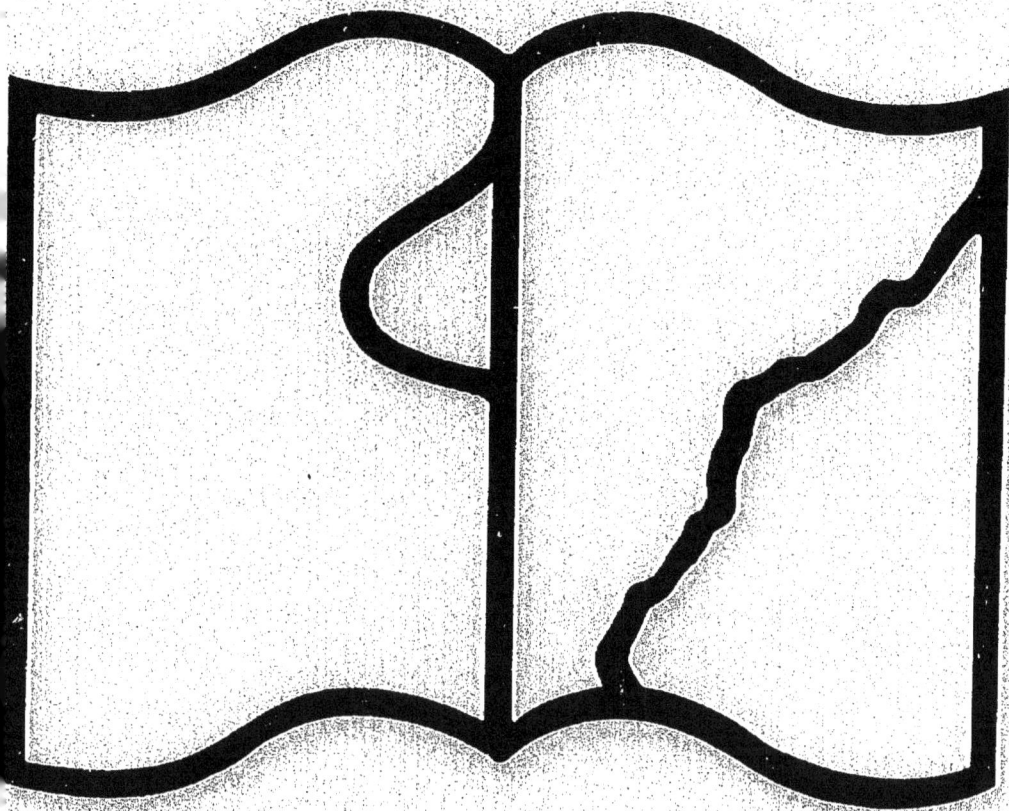

Texte détérioré — reliure défectueuse

NF Z 43-120-11

Contraste insuffisant

NF Z 43-120-14

www.ingramcontent.com/pod-product-compliance
Lightning Source LLC
Chambersburg PA
CBHW032324210326
41519CB00058B/5526